Politische
Weltkunde I

1 Die Griechische Polis
Der Römische Staat

Handreichungen
für den Lehrer

Von Joachim Rohlfes
Horst Rumpf

Inhalt

Es schrieben: H. Rumpf S. 3–11
            J. Rohlfes S. 12–30

1. Auflage. 1^7 6 5 4 3 | 1976 75 74 73

Druck: Union Druckerei GmbH, 7 Stuttgart, Cottastraße
ISBN 3-12-406130-6

Vorbemerkungen

Dieses Lehrerheft enthält wenig methodische Hinweise und keine Stundenentwürfe. Die didaktisch-methodische Konzeption, die dem Schülerheft zugrunde liegt, muß ihre Brauchbarkeit in sich selbst erweisen und auf die Krücken einer begleitenden Interpretation und Rechtfertigung verzichten können. Die Verfasser wollten keine Vorschläge für mögliche Stundenabläufe unterbreiten, weil es jeweils zahlreiche nicht minder sinnvolle Alternativen gibt, deren Vorzüge und Nachteile nicht in abstrakter Allgemeinheit zu erkennen sind. Die vielen Faktoren, die die Planung und den Ablauf der einzelnen Unterrichtsstunde bedingen, lassen sich nicht in ein für alle Situationen gültiges Schema bringen.

Aus diesem Grunde haben die Autoren das Schwergewicht ihrer Erläuterungen auf die Gegenstände selbst gelegt. Sie beanspruchen mit ihren Hinweisen nicht, die in Frage stehende Materie zu erschöpfen oder einen Kanon endgültiger und unanfechtbarer Antworten und Auslegungen zu bieten. Diese Erläuterungen sollen in der Hauptsache Hinweise darauf geben, wie die Darstellungs- und Quellentexte gemeint sind und was man im Unterricht ggf. mit ihnen anfangen kann. Die Benutzer unseres Arbeitsheftes sollen provoziert werden, andere und bessere Fragestellungen und Antworten zu finden. Es dürfte die Benutzbarkeit des Schülerheftes auch nicht einschränken, wenn die Arbeitsaufgaben gänzlich ignoriert und andere Wege gegangen werden. Entscheidend ist lediglich, daß der Text überhaupt befragt wird und das Problembewußtsein entsteht und gepflegt wird.

Die Aufgliederung des Heftes in eine zusammenhängende Darstellung, in Quellen und in Arbeitsaufgaben soll verschiedene methodische Möglichkeiten für die Auswahl, die Reihenfolge wie für die Intensität und Art der Behandlung offenlassen:

– Sollen bestimmte Abschnitte nur in orientierendem Überblick behandelt werden, bietet der darstellende Text allein eine ausreichende Basis, sei es für das Eigenstudium der Schüler, sei es für die Wiederholung.

– Die Quellenstücke sollen zusammen mit den Arbeitsaufgaben die Möglichkeit bieten, die im Darstellungsteil nur in grobem Umriß gezeichneten Zusammenhänge auch in anderem Licht zu sehen: Hinter den Tatsachenreihen soll eine Spur von der Problematik, Vieldeutigkeit und Ungewißheit des Geschichtlichen zugänglich werden, um so das Nachdenken, d. h. das Entdecken und das im Rahmen der Schule notgedrungen sehr vorläufige und hypothetische Lösen von Problemen in Gang zu bringen.

– Es ist nicht ausgemacht, daß die Quellen immer erst dann vorgenommen werden sollten, wenn etwa durch Informationen aus dem darstellenden Teil ein Vorverständnis des historischen Kontextes erreicht worden ist. Das Merkwürdige und Problematische eines Quellenstückes wird möglicherweise leichter erfaßbar, wenn es nicht durch die vorangehende Darstellung schon erklärt wird, bevor es überhaupt auftaucht.

– Die Quellen können freilich auch als bloße Illustration im Zuge eines orientierenden Unterrichts gelesen werden. Über die wünschenswerten und möglichen Intensitätsgrade muß der Lehrer entscheiden. Es wäre aber wichtig, wenn an einigen Stellen der langwierigen und umwegereichen Mühe der Konfrontation mit bestimmten Problemen nicht ausgewichen würde – auch wenn sie den historischen Fachmann laienhaft und dilettantisch anmuten mag.

Die hier vorgelegten Texte sind also je nach der Funktion, die sie im Unterricht haben, verwendbar: Die Auswahl, die Reihenfolge, die Intensität der Behandlung hängen von dieser Funktion ab, die ihrerseits nach den Lernzielen und den Lernvoraussetzungen des Kurses festzulegen ist.

Die Handreichungen sind folgermaßen gegliedert:
1. Eine kurze Erläuterung zur Darstellung
2. Hinweise zu den Quellen und Fragen.
   A 1 a bedeutet z. B.: Kapitel A. Die Verfassung der römischen Republik
            1 Quelle 1
               a Frage zu Quelle 1
3. Hinweise zu den zusammenfassenden Aufgaben
4. Literaturhinweise

Allgemeine Literatur zum Kapitel
Die Griechische Polis

1. E. Bayer: Griechische Geschichte. Stuttgart: Kröner 1968 Bd. 362.

2. E. Bayer: Grundzüge der griechischen Geschichte. 2. A. Darmstadt: Wissenschaftliche Buchgesellschaft 1966.

3. H. Bengtson: Griechische Geschichte von den Anfängen bis in die römische Kaiserzeit. 3. A. München: Beck 1965.

4. H. Berve: Griechische Geschichte. Nachdruck in Herders Taschenbüchern Bd. 37/56/69. Freiburg: Herder 1963.

5. V. Ehrenberg: Der Staat der Griechen. 2. A. Zürich: Artemis 1965.

6. F. Gschnitzer (Hrsg.): Zur griechischen Staatskunde. Darmstadt: Wissenschaftliche Buchgesellschaft 1969.

7. R. Harder: Eigenart der Griechen. Einführung in die griechische Kultur. Herders Taschenbücher Bd. 120. Freiburg: Herder 1962.

8. A. Heuß: Hellas. In: Propyläen-Weltgeschichte Bd. 3, S. 69 ff. Frankfurt–Berlin: Propyläen 1962.

9. K. Kerenyi: Prometheus – Die menschliche Existenz in griechischer Deutung. rowohlts deutsche enzyklopädie Bd. 95. Reinbek: Rowohlt.

10. H. D. F. Kitto: Die Griechen. Fischer-Bücherei Bd. 356. Frankfurt: Fischer.

11. B. Knauss: Staat und Mensch in Hellas. Nachdruck von 1949. Darmstadt: Wissenschaftliche Buchgesellschaft 1966.

12. G. Murray: Hellas und die Welt von heute. Nachdruck von 1953. Darmstadt: Wissenschaftliche Buchgesellschaft 1966.

13. M. P. Nilsson: Griechischer Glaube. Sammlung Dalp Bd. 64. München: Francke.

14. F. Schachermayer: Griechische Geschichte. Stuttgart: Kohlhammer 1960.

15. F. Taeger: Das Altertum. 6. A. Stuttgart: Kohlhammer 1958.

Quellensammlungen:

16. Bearb. W. Arend: Geschichte in Quellen. Bd. 1 – Altertum. München: Bayerischer Schulbuch-Verlag 1965.

17. O. Kampe: Die attische Polis. Quellen- und Arbeitshefte zur Geschichte und Gemeinschaftskunde Nr. 4245. Stuttgart: Klett.

Die Griechische Polis

Hauptthema des Kapitels ist die Entwicklung, die Struktur und die Problematik der demokratischen Verfassung Athens im 5. Jahrhundert. Um eine Konzentration des Unterrichts auf dieses Thema zu ermöglichen, ist jeder Versuch einer noch so gerafften enzyklopädischen Gesamtdarstellung der griechischen Geschichte unterblieben.

A. Indogermanische Einwanderungen

B. Entstehung der Polis

C. Sparta - Staat und Gesellschaft

Zur Darstellung

Die Abschnitte A – C sind als kursorische Einführung in die Vorgeschichte des Hauptthemas dieser Darstellung – der Entwicklung und Problematik der attischen Polis vor allem im 5. Jahrhundert – gedacht. Die darstellenden Teile sind deshalb sehr knapp. Im Materialienteil dieser Abschnitte (B 1, C 1) ist eine (allerdings viel spätere) athenische und eine spartanische Ansicht über die Aufgabe und die Erfüllung des Menschen gegenübergestellt. So vieles an den Differenzen dieser Äußerungen auf die Verschiedenheit der Persönlichkeit des Autors, der Literaturgattung und der gedanklichen Ebene zurückgeht – in ihnen ist doch auch etwas von der unterschiedlichen Vorgeschichte Athens und Spartas spürbar, wie sie in der Darstellung skizziert wurde.

Zu den Quellen

B 1 a: Aristoteles ist energisch bemüht, gegen bestimmte im Athen seiner Zeit verbreitete Gedanken zu argumentieren: Der Stadtstaat ist ihm nicht notwendiges Übel, Heilmittel gegen einen nicht anders zu reparierenden Mangel der menschlichen Natur, sondern deren Erfüllung. Die Gemeinwesen der griechischen Frühzeit tendierten nach Meinung des Aristoteles sozusagen naturnotwendig auf ihre Erfüllung im Stadtstaat der Polis hin.

B 1 b: In der zitierten Passage des Aristoteles wird nicht historisch, sondern prinzipiell argumentiert: Nicht historische Ereignisse und Ursachen, sondern Wesenseigenschaften und -bedürfnisse des Menschen (seine „Natur") liefern die Gründe zur Erklärung bestimmter Entwicklungen.

B 1 c: Der Mensch kommt nach Aristoteles nicht zu sich selbst in der autarken Selbstgenügsamkeit des sich von den Mitmenschen und der Sozietät isolierenden Individuums, das durch solche Isolierung notgedrungen böse und kriegslüstern wird, sondern in der Autarkie eines ihn erfüllenden und bestätigenden Gemeinwesens.

B 2: Gigon ist bemüht, dem Satz des Aristoteles durch Hinweise auf den historischen Kontext seiner Entstehung die stereotype Starrheit zu nehmen: Er wird als pointierte Gegenthese gegen den verbreiteten Überdruß am Staat, nicht als Ausdruck landläufiger Überzeugungen gedeutet und verfremdet (weitere Begründungen dazu bei O. Gigon in: Neue Propyläen-Weltgeschichte, herausgegeben von G. Mann und A. Heuß, Frankfurt/M.–Berlin 1962, S. 587 ff.).

C 1 und 2: Der Bestand Spartas setzt die Hochschätzung des Kriegertodes und der Kriegertugenden als Bedingungen für die Fortdauer der Spartiatenherrschaft voraus. In dieser Erklärung ist die Wirksamkeit einer allgemeinen Gesetzlichkeit vorausgesetzt. Die Überlegung, welcher allgemeine Zusammenhang vermutlich zwischen den Normen und dem existenznotwendigen Bedürfnissen einer Sozietät wie deren Herrschaftsschicht besteht, könnte den Blick auf die allgemeinen sozialen Gesetzlichkeiten richten, denen die modernen Sozialwissenschaften nachforschen.
Die bloß rhetorische Hochschätzung von Kriegsnormen genügte bei der ständigen Bedrohung der Spartiatenherrschaft nicht, um die potentiellen Feinde der Spartiaten in Schach zu halten.

Die oft undurchsichtigen oder unbekannten oder jedenfalls hier nicht als geläufig vorauszusetzenden inneren Verhältnisse in den griechischen Stadtstaaten des 8. und 7. Jahrhunderts lassen nur vorsichtige Fragen zu, die vor allem auf die Eigenart Spartas abheben können. Die aus der Eroberungssituation und aus der geringen Anzahl der Spartiaten zu erklärende Spezialisierung der herrschenden Schicht auf den Kriegsdienst unterscheidet die Position der Spartiaten von der der Adelskreise in anderen griechischen Stadtstaaten.

D. Die Ordnung der attischen Polis durch Solon und Kleisthenes

Zu den Quellen

D 1 a: Solon nennt das Verlangen nach unparteiischen Gesetzen, die die Unterdrückten und Verkauften befreiten, als die Triebkraft seiner gesetzgeberischen Maßnahmen.

D 1 b: Der zitierte Abschnitt nennt andeutungsweise nur die Rückführung der ins Ausland Verkauften und die Aufhebung der Schuldknechtschaft; die Dosierung der politischen Mitbestimmung der Bürger nach dem Ausmaß ihrer wirtschaftlichen Kraft und ihrer militärischen Beteiligung am gemeinsamen Heer wird hier nicht deutlich beim Namen genannt.

D 1 c: Manches von den sozialen Verhältnissen im vorsolonischen Athen ist aus dem Text zu erschließen: Verarmung und Entrechtung auf der einen Seite, Zuwachs an Reichtum und unkontrollierter Macht auf der anderen Seite ließen die Spannungen steigen, die sich noch in der Verfemung Solons niederschlagen, von der hier die Rede ist; beide Parteien hatten Gründe, mit Solon unzufrieden zu sein.

D 2 a: Sosehr Solon das Ausmaß der Teilhabe an der politischen Macht von der wirtschaftlichen und militärischen Kraft der Bürger abhängig macht, so nachdrücklich wird doch durch das Verbot der Schuldknechtschaft das Extrem vermieden, daß die Verarmung jemanden alle seine Rechte verlieren ließe.

D 2 b: Das Recht verliert durch Solon den Charakter des Vorgegebenen, das unbeeinflußbar von den ihm Unterworfenen ewig (als „nomos") gilt. Gesetze erscheinen Solon als Ergebnis von Setzungen. Anklagen, Gerichtsverhandlungen und Urteile sind deshalb sowenig wie die Zusammensetzung und die Arbeit der Gerichtshöfe dem Einfluß und der Kontrolle der Volksversammlung entzogen. Die rechtliche Regelung des Zusammenlebens bleibt nicht der Überlieferung oder dem Adel überlassen. Sie wird öffentlich und abhängig von Wahlen und Abstimmungen der Volksversammlung.

D 3 a: Die wirtschaftlich und militärisch stärksten Mitglieder der Gesellschaft behielten eine führende Position (Zugang zu den wichtigsten Ämtern). Diesem eher konservativen Zug steht gegenüber die Minderung der Rechte des Adelsrates (Areopag) zugunsten des Rates der Vierhundert und der Volksversammlung. Der Zugang zu den oberen Klassen war zudem nun niemand mehr allein aufgrund seiner Geburt verwehrt.

D 3 b: Daß die Bürger Athens selbst die Geschicke ihres Staates in die Hand nehmen sollten, daß sie sich nicht in ihren privaten Lebenskreis einspinnen sollten, diese fundamentale Absicht Solons wäre wohl durch die Einrichtung einer starken Zentralgewalt durchkreuzt worden – denn ihr wären leicht Überlegungen und Entscheidungen zu delegieren gewesen.

D 4: Ostrakismos wie Verfassungsreform gehen auf die gleiche Absicht zurück, Machtkontrolle und Machtausübung der Volksversammlung nicht durch einzelne oder Adelsgruppen entwinden zu lassen.

Zusammenfassende Aufgaben

In Sparta herrschte eine dünne Schicht, deren Macht auf militärischer Überlegenheit, auf die Geburt und auf das Recht der Tradition gegründet war. In Athen wurden die Machtpositionen durch

Wahlen bzw. Auslosungen vergeben. Die Reformen des Kleisthenes haben den Einfluß des Adels in den wählenden Gruppen (Phylen) nachhaltig eingeschränkt. Führungsämter waren damit nicht mehr nur der Aristokratenschicht zugänglich – der Ansatz des Solon wurde weiter ausgebaut.
Die Absichten von Solon und Kleisthenes sind nahe verwandt. Beide wollen die staatliche Macht an die Versammlung der Bürger binden. Aber Kleisthenes ist nach den Erfahrungen der nachsolonischen Zeit (Tyrannis, Adelsherrschaft) skeptischer gegenüber diesen Möglichkeiten geworden. Er versucht, durch ausgeklügelte Maßnahmen Sicherungen gegen die Machtübernahme des Adels oder einer Tyrannis zu institutionalisieren, um die Autorität der Volksversammlung zu befestigen.

E. Die Durchsetzung der radikalen Gleichheit in der Polis Athen durch Ephialtes und Perikles

Zu den Quellen

E 1 a–c: Aristoteles hält sich mit einem Urteil über Solon auch unter Hinweis auf die ungewisse Überlieferung sehr zurück und referiert ausführlich Meinungen anderer, die die Solonische Verfassung als Mischung aus oligarchischen, aristokratischen und demokratischen Elementen sahen. Die von Aristoteles kritisierte radikale Demokratisierung im 5. Jahrhundert scheint ihm weit über die Absichten Solons hinauszugehen. Der Verlust der von Solon noch vorgesehenen Gegengewichte gegen die totale Demokratisierung (Areopag, Wählbarkeit von Beamten nur aus den oberen Schichten) gab nach des Aristoteles Meinung redegewandten Verführern des Volkes Auftrieb. Aristoteles neigt also dazu, Solons Reform gegenüber späteren Entwicklungen der attischen Demokratie in Schutz zu nehmen und als maßvoll zu verteidigen.

E 2 a: Die Einführung des Richtersoldes etwa und die endgültige Entmachtung des Areopag werden als Ergebnisse zielbewußter Bestechung gedeutet. Im politischen Stil des Vorkämpfers der totalen Demokratisierung sieht Plutarch Züge eines aristokratischen und monarchistischen Regiments. Die komplizierten inneren Verhältnisse in der Ära des Perikles werden durch solche personalisierenden Vereinfachungen allerdings überspielt.

E 2 b: Die in den zitierten Abschnitt aus Kapitel 15 überwuchernden Bilder (Schiff, Saiten, Zügel, Arzt, Arzneien) zeigen, mit welchen Stilmitteln sich der geringe Informationsgehalt eines Textes retuschieren läßt. Die Metaphern verdrängen die Informationen und entziehen gleichzeitig leicht diese Verdrängung der Aufmerksamkeit des kursorischen Lesers.

E 3 a: Freiheit von fremder Herrschaft, von aufgezwungenen Gesetzen von unkontrollierten Gerichtshöfen, Teilhabe aller an der Macht und ihrer Kontrolle – daraus folgen Schutz der Freiheit jedes Bürgers, aber auch Verpflichtung jedes einzelnen zur Mitarbeit in der Polis.

E 3 b: Die zitierten Sätze bei Thukydides verharren im Bereich des Ideals – sie gehen nicht ein auf die in der athenischen Verfassung auch angelegte Problematik der schwachen Herrschaftspositionen, der mangelnden Kontinuität und den darin angelegten Bedrohungen der urbanen Liberalität in den zwischenmenschlichen Beziehungen. Aristoteles nennt einschlägige Gefahren: Verführbarkeit des Volkes durch schlechte Führer, die wirkungsvoll zu schmeicheln verstehen.

E 4 a: Daß Egoismus, Verantwortungslosigkeit, Bequemlichkeit und Vergnügungssucht unter dem Deckmantel von Volksherrschaft und von freiheitlichen Idealen triumphieren, macht die Pointe dieser ideologiekritischen Polemik gegen die attische Demokratie aus.

E 4 b: Ironisch wird zugestanden, daß das Volk zu Recht aufgrund seiner Ruderarbeit die Herrschaft innehabe.

E 4 c: Nur aristokratische Herrschaftsformen ermöglichen nach der Ansicht des Verfassers eine Regierung, die sachverständig und dem Gemeinwohl verpflichtet ist.

E 5 a: Nach diesen Worten des Thukydides beruhte die einzigartige Machtposition des Perikles nicht auf Schmeichelei und Raffinesse in der Führung des Volks, sondern auf seiner persönlichen Integrität und politischen Fähigkeit.

E 5 b und c: Anders als Plutarch zeichnet er Perikles als unbestechlichen und das Volk nicht bestechenden Politiker in starkem Kontrast auch zu späteren Führern Athens.

E 6 a: Die Beziehung des Bürgers zur Polis und zu ihren Aufgaben war dank der Überschaubarkeit der Verhältnisse und dank der Identität von Herrschenden und Beherrschten sehr direkt. Der Bürger konnte sich ohne ideologische Forcierungen („Volksgemeinschaft", „Volksfamilie") mit der Polis identifizieren. Der Staat war keine anonyme Größe mit anonymen Forderungen. Jeder Vollbürger konnte durch das Los jedes staatliche Amt für eine bestimmte Zeit zugesprochen bekommen – mit Ausnahme der Ämter für die Finanzverwaltung und die Heerführung (Strategen). Dadurch konnten die Amtsträger, deren Amtszeit ohnehin eng befristet war, sich nicht isolieren und eine von der Gesellschaft getrennte Staatsgewalt aufbauen.

E 7 a und b: Die allgemeine Zugänglichkeit fast aller Ämter – realisierbar erst durch die Zahlung von Tagegeld und Richtersold – wird, auf das Richteramt bezogen, in ihrer Ursache und in ihrer Wirkung kritisiert: Verursacht wurde sie nach der Darstellung des Aristoteles durch den machtpolitisch inspirierten Wunsch des Perikles, den reichen Kimon beim Volk auszustechen; diese Maßnahme begünstigte nach der kaum verklausulierten Meinung des Aristoteles die Bestechlichkeit und die mangelnde Qualifiziertheit unter denen, die sich nunmehr zum Richteramt drängten.

E 7 c: Ähnlich wie Plutarch und anders als Thukydides sieht Aristoteles hier in Perikles einen skrupellosen Machtpolitiker, der nicht davor zurückschreckt, öffentliche Gelder zum Ausbau seiner Popularität und seiner politischen Karriere einzusetzen.
Die Betrachtung solcher divergierender Sichtweisen ist geeignet, den Schülern die Illusion zu nehmen, Quellentexte oder Historiker vermöchten unbezweifelbare und unüberholbare Erklärungen und Wertungen zu bieten.
Das bewußte und informierte Aushalten einer gewissen Ambivalenz und Mehrdeutigkeit – Alfred Heuß spricht von einer „beängstigenden Zwielichtigkeit des Perikleischen Staats" – vor historischen Phänomenen kann angesichts des Perikles und des Perikleischen Staates in einer ersten Schwierigkeitsstufe gelernt und geübt werden; solches Aushalten und Wahrnehmen von Mehrdeutigem gehört wohl zu den wichtigen Lernzielen des Geschichtsunterrichts.

E 8 a: Es ist wohl nicht zweckmäßig, das Befremdende und Schockierende an der Argumentation des Aristoteles zugunsten bestimmter inhaltlicher Detailfragen zu übergehen. Denn in diesem Befremden äußert sich die Reibung zwischen einer historischen Realität und unserem Erwartungshorizont. Diese Reibung zustande kommen zu lassen und ins Bewußtsein zu heben scheint ein wichtiges Ziel des Geschichtsunterrichts zu sein. Voreilige Anklagen oder Erklärungen zurückzuhalten und statt dessen erstaunliche oder schockierende Züge zu beobachten und zu beschreiben – die Schwierigkeit dieser vom Schüler (wie übrigens auch vom Lehrer) zu fordernden Leistungen sollte nicht unterschätzt werden: die Unangefochtenheit der Parallelisierung der Beziehungen von Seele zu Körper, von Fürst zu Volk, von Mann zu Frau und von Herr zu Sklave; die Dominanz des Herrschaftsmodells in der Deutung dieser Beziehungen; die naiv wirkende Voraussetzung einer vorgegebenen Natur, die die Handlungsnormen vorzeichnet – das nachdenkliche Frappiertsein könnte an solchen Details ansetzen und sich artikulieren.

E 8 b: Ein vorgegebener Wesensunterschied zwischen Herren- und Sklavennatur ist für Aristoteles offensichtlich evident und unbezweifelbar. Die Einsicht in die Gesellschaftsbedingtheit dieser „Natur" läßt nach den Erfahrungen suchen, die Aristoteles zu seiner These mit veranlaßt haben dürften: die Selbstverständlichkeit der antiken Sklavenhaltung (sie war wohl den Athenern so unproblematisch wie uns das Halten von Haustieren); die Unüberwindbarkeit der rechtlichen und gesellschaftlichen Barrieren zwischen diesen Ungleichen (den männlichen Vollbürgern einerseits – den Sklaven und Frauen andererseits) – solche alltäglichen Umwelterfahrungen begünstigten ohne Zweifel die Hypostasierung von gesellschaftlichen Normen zu Wesensnormen und Naturdifferenzen.

E 8 d: Die Aufgabe soll den Blick schärfen für die Fragwürdigkeit der Einführung des Begriffs einer nicht mehr anzuzweifelnden Natur, wenn es um die Analyse und Normierung zwischenmenschlicher Verhältnisse geht.

Zusammenfassende Aufgaben

1. Die politische Rolle des Atheners war viel weniger festgelegt als die des Spartiaten, dessen Lebensgang, Tätigkeitsfeld, Lebensform und verbindliche Lebensaufgabe von seiner Geburt an feststand. Die Bürgerrolle in Athen war voll unabsehbarer Aufgaben, Möglichkeiten und Gefahren; jedem Bürger konnten durch das Los kurzfristig fast alle Ämter zufallen, jeder hatte das Recht, jederzeit Anklagen und Anträge in der Volksversammlung vorzubringen, und mußte dabei auch stets gewärtig sein, von anderen angeklagt zu werden.

2. Das Losverfahren bei der Besetzung öffentlicher Ämter, wahrscheinlich bald nach Kleisthenes zu Beginn des 5. Jahrhunderts eingeführt, sollte zusammen mit der Bezahlung der Amtsträger aus öffentlichen Mitteln jede Bevorzugung eines Amtskandidaten aufgrund seiner Herkunft oder seines Reichtums oder irgendwelcher persönlicher Beziehungen ausschließen. Der Ostrakismos, das gleiche Recht zur Anklage, die Tatsache, daß fast alle in Athen ansässigen stimmberechtigten Bürger (man schätzt ihre Zahl für die Perikleische Zeit auf 10 000) längere Zeit in einem der 10 Schöffengerichte (sie umfaßten je 500 bis 600 Schöffen) tätig waren – dies und das Fehlen jeder kontinuierlichen und starken Regierungsgewalt waren Garanten dafür, daß die Gleichheit (Isonomia) nicht durch Herrschaft verletzt oder verdrängt wurde.

3. Das Fehlen jeder Art von repräsentativer Volksvertretung, das Fehlen der Gewaltenteilung in die legislative, exekutive und judikative Gewalt, sowie das Fehlen einer dauerhaft institutionalisierten Regierung sind wohl die auffälligsten Strukturunterschiede zwischen der attischen und der modernen Demokratie.

4. Diese lockere und bewußt unpräzis formulierte Frage will durch das Ansprechen des Urteilsvermögens und der Urteilsbereitschaft dazu provozieren, etwas Abstand zu Einzelheiten zu gewinnen und die Beschaffenheit der attischen Polis als ganzer in den Blick zu nehmen. Die Gesprächsführung wird zu verhindern haben, daß es dabei zu doktrinären Versteinerungen glorifizierender oder verdammender Art kommt. Möglicherweise genannte Vorzüge (Abschaffung der Herrschaft des Geldes oder der zufälligen Geburt; Identität der Herrschenden und der Beherrschten) und möglicherweise genannte Mängel (Auslieferung der Ämter an die Zufälle des Loses ohne die Möglichkeit, nach persönlicher Qualifikation auszulesen; drohendes Ersticken der Volksversammlung und der Gerichte in einer Unzahl von Prozessen; fehlende Rechtskodifizierung; fehlende Kontinuität im Gerichtswesen und in der politischen Führung; Abhängigkeit jedes politisch Führenden – Perikles wurde immer wieder als Stratege in eines der wenigen Wahlämter gewählt – von Stimmungen der Masse der Athener in der Volksversammlung) sollten gleich nachhaltig erwogen und gegeneinandergestellt werden. Es ist eine wohl im Geschichtsunterricht zu erlernende Leistung, Argumente zugunsten der einen Urteilsrichtung nicht ohne die vielleicht mühsame und schmerzliche Realisierung der Argumente zugunsten der anderen Urteilsrichtung wahrzunehmen; es geht darum, Beziehungen sehen und wahrhaben zu können, die ein harmonisch in sich geschlossenes Urteil stören oder zurücknehmen lassen. Die Überwindung der Neigung, im Interesse der Endgültigkeit und Unüberholbarkeit eines Urteils die Gegenargumente gegen dieses Urteil zu verharmlosen oder zu übersehen, der Verzicht auch auf billige und voreilig-souveräne Synthesen – das sind psychische Prozesse, die geübt und gelernt werden müssen. Sie werden wohl am ehesten im offenen nachdenklichen Gespräch gelernt. Sie sind qualitativ verschieden von dem Vermögen, größere geschichtliche Zusammenhänge und Überblicke sehen und artikulieren zu können, wie es in Frage 5 gefordert wird.

5. Solon: Politische Rechte sind nicht mehr bloß Funktion der Geburt und des Herkommens, sondern der ökonomischen Kraft und des aus ihr resultierenden militärischen Beitrags. Kleisthenes:

Eine neue künstliche Aufteilung der Bevölkerung nach lokalen Prinzipien statt nach der Stammes-herkunft nimmt dem Adel in den Wählergruppen (den „Phylen") wichtige Einflußmöglichkeiten; Einführung des Ostrakismos; bald nach Kleisthenes Vergabe der Ämter (außer Vermögensver-waltung und Strategenamt) durch das Los. Perikles: Drastische Beschneidung der Rechte des Areopag; Tagegelder und Richtersold ermöglichen jedermann den Zugang zu den Ämtern.

F. Die attische Polis im Peloponnesischen Krieg

Zur Darstellung

Die Chancen und Gefahren, die Athen aus seiner Verfassung in außenpolitischen Konflikten er-wuchsen, sollen anhand der Betrachtung des Peloponnesischen Krieges deutlicher werden, als das in einer vorwiegend verfassungsgeschichtlichen Strukturdarstellung möglich ist.

Zu den Quellen

F 1 a: Perikles argumentiert gegen den Augenschein, dem der Anlaß zum offenen Konflikt mit Sparta geringfügig zu sein scheint. Der Unterschied zwischen Kriegsanlaß und Kriegsursache nach Auffassung des Perikles läßt sich bei der Untersuchung des Textes deutlich hervorheben. Es ging nach Perikles materialiter nicht um die Freiheit der von Athen beherrschten Mitglieder des Atti-schen Seebundes, sondern um das Gewährenlassen Spartas, das Athens Macht zurückdämmen will.

F 1 b: Perikles argumentiert von der von ihm erwarteten Reaktion auf ein athenisches Zugeständ-nis hin: Sparta wird nicht versöhnlicher, sondern dreister und brutaler werden, wenn Athen zu einer Konzession bereit wäre.

F 1 c: Man wird zwischen beiden Begriffen unterscheiden müssen: Der Begriff der Unversöhnlich-keit, für dessen Berechtigung sich Gründe finden lassen, wäre genauer zu betrachten hinsichtlich der Motive und der Vorgeschichte; abstrakte Persönlichkeits- oder Handlungseigenschaften wie „Unversöhnlichkeit" neigen zu personalisierender Vereinfachung der Geschichte. Des Perikles große Skepsis hinsichtlich des Verhaltens der Bürger bei erfolgreichem Kriegsverlauf spricht gegen die Auffassung, Perikles gebärde sich hier kriegslüstern.
Die Erörterung der Frage könnte die Fragwürdigkeit solcher und ähnlicher Kennzeichnungen be-wußtmachen: „unversöhnlich" und „kriegslüstern" sind in diesem literarischen und politischen Kontext stereotype Urteile, die Elemente der beurteilten Handlungsweise kurzschlüssig auf be-stimmte, von der Komplexität der Situation gelöste Normen beziehen. Es ist eine wichtige im Geschichtsunterricht zu lernende Leistung, einen Handlungskomplex oder eine Äußerung aus solchem ahistorischen Zusammenhang zu lösen und auf die so einfach zu erreichende Eindeutigkeit verzichten zu lernen. Sobald die Rede des Perikles in den politischen Kontext gerückt wird, ver-liert sie die Eindeutigkeit, die zu unangefochtenen Urteilen verführt. Daß man diese scheinbar so durchsichtigen Sätze in vielfältige Beziehungen rücken müßte – auch in die Beziehung zur Optik des Thukydides, der sein Bild des Perikles wiedergibt –, ehe man zu so apodiktischen Urteilen wie in F 1 c disponiert wäre, diese Einsicht wäre in der Arbeit am Text zu erwerben und zu prakti-zieren. So könnte die verbreitete, aber vage Rede von „oberflächlichen", „vordergründigen", „flachen" Betrachtungsweisen, Erklärungen, Urteilen, Begriffen präzisere Bedeutung gewinnen.

F 2 a: Die Verwüstungen der Siedlungen und Äcker, denen die Landbevölkerung Attikas hinter den langen Mauern tatenlos zusehen mußte, die Pestseuche, der auch infolge der hygienischen Ver-hältnisse in dem beengten Athen etwa ein Drittel der Bevölkerung Attikas – wohl zwischen 80 000 und 100 000 Personen – erlegen war, die Depression infolge ausbleibender spektakulärer Erfolge, die Perikles' Kriegsplan nicht anstrebte – solche Faktoren erklären den Widerwillen vieler Athener, den Krieg fortzusetzen. Das Gewicht dieser Erfahrungen und der sich auf sie stützenden Argumente muß erwogen sein, ehe die Rede des Perikles zugänglich wird.

F 2 b: Vielleicht ist es dem Eindringen in diese Rede förderlich, wenn Schüler auch dazu kommen, ihre ersten, unkontrollierten und vorläufigen Eindrücke zu artikulieren (auf Fragen etwa wie: Was war dieser Perikles für ein Mann? Wie wirkt er auf Sie – sympathisch, abstoßend, fremdartig, unverständlich? Was möchten Sie noch wissen, um sich eher einen Vers auf ihn machen zu können?). Dabei würde sich wohl zeigen wie verschieden die Augen und Ohren (bzw. die Assimilationsschemata) sind, mit denen der Wortlaut dieser Rede aufgenommen und die hinter ihr stehende Persönlichkeit erschlossen wird: „Raffiniert, mit welchen Mitteln er seine Haut zu retten sucht", „Phrasen statt Gründe", „Scharfsinnige Beweisführung", „Er ist offenbar in seinen Krieg verliebt", „Hat denn das jemand ernst nehmen können?" – solche und andere ersten Eindrücke könnten Aufschluß geben über die Struktur und die Filterarbeit des Bewußtseins, das auf diesen Text stößt. Die Aufgabe, sich von solchen gewiß irgendwie begründbaren Ersteindrücken zu einer Analyse des in F 2 b Gefragten durchzuarbeiten, fordert als Leistung die Korrektur oder Relativierung solcher Ersteindrücke, d. h. – im Bilde gesprochen – eine Differenzierung und Bearbeitung des die Realität filternden Bewußtseins. Der sich dabei abspielende Lernprozeß, der den Abbau oder Umbau von gar zu homogenen und eindeutigen Anfangsurteilen und Anfangserklärungen fordert, ist es wert, ernst genommen zu werden. Er sollte nicht dem Stoffdruck zum Opfer fallen und gehetzt – also scheinhaft und wirkungslos – abgewickelt werden.

F 2 c: Man könnte grob unterscheiden zwischen Appellen an die Ehre und solchen an die politische Vernunft der Athener. An das Ehrgefühl wenden sich die Hinweise auf die Verpflichtungen, die sich aus der Tradition Athens, aus seinen Herrschaftsprinzipien, aus seiner zukünftigen Stellung, aus seinem Normenkodex und seinem Ruf in der Welt erwachsen.
Die politische Vernunft soll gegen die Eindrücke und Gefühle des Augenblicks mobilisiert werden durch die Darlegung von Tatsachen und allgemeinen Gesetzmäßigkeiten (z. B. Tatsachen: die faktisch bestehende unangefochtene Alleinherrschaft Athens auf dem Meer; die vorausgesehenen und von der Volksversammlung seinerzeit bewußt in Kauf genommene Verwüstung der attischen Landgebiete durch die Spartaner. Gesetzmäßigkeiten: Der Zusammenbruch des Staates reißt den einzelnen mit; Fremdherrschaft bringt mehr Nachteile als Durchhalten; wer großen Zielen nachstrebt, erntet Mißgunst).

F 2 d: Appelle an Friedfertigkeit und Tugendhaftigkeit scheinen ihm wohl als von Angst getriebene schlecht kaschierte Fluchtversuche vor der Realität. Denn die Herrschaftsposition Athens gegenüber den sogenannten Verbündeten, tatsächlich aber Beherrschten, hatte die Volksversammlung in guten Zeiten offenbar auch nicht zu moralischen Skrupeln veranlaßt. Friedfertigkeit scheint Perikles dem nicht anzustehen, der auf Herrschaft aus ist und Herrschaft, Macht bewahren will. Auf Gerechtigkeit und Friedfertigkeit setzen hieße Athens Ruin besiegeln. Wer in Athens Machtstellung ist, kann sich diese Tugenden nicht leisten. Die Nüchternheit und Illusionslosigkeit von Thukydides-Perikles sind bemerkenswert.

F 2 e: Perikles' Rede hat keinen dekorativen Charakter: Weil er der Zustimmung der Volksversammlung bedarf, um seine Politik fortsetzen zu können, muß er möglichst viele Athener überzeugen. Die Hinweise auf die früheren Beschlüsse der Volksversammlung und die beschwörenden Appelle demonstrieren, wie labil die Machtbasis war, auf der Perikles operierte.

F 3 a: Die Kritik an der Maßlosigkeit und Unbesonnenheit der von Kleon „aufgehetzten" Menge ist unüberhörbar: Die im Sieg erwachte Kriegs- und Eroberungslust sucht Vorwände, den Abschluß eines Friedens zu verhindern.

F 3 b: Oberflächlich, d. h. hier dem materiellen Gehalt nach, betrachtet widersprechen sich beide Haltungen – einmal Verlangen nach Frieden, das andere Mal Ausschlagen eines Friedensangebots. In beiden Fällen wirkt dieselbe von Thukydides (und Perikles) kritisierte Verfallenheit an sich aufdrängende Augenblicksvorteile bzw. -nachteile, die Unfähigkeit, die punktuelle Erfahrung in größere Zusammenhänge zu bringen und von ihnen aus zu relativieren.

F 4 a: Kein vorgegebenes Gesetz hält Schmeichler bzw. Volksführer zurück, den Alleinherrscher bzw. die allein herrschende Volksversammlung zu despotischen Maßnahmen zu veranlassen, in denen keine Rücksicht auf „das Bessere" genommen wird.

F 4 b: Die totale Herrschaft der Volksversammlung, die Abwesenheit einer stabilen Regierungsinstitution, die Abhängigkeit der Politik von dem Mann, der, mit welchen Mitteln auch immer, am meisten Einfluß zu gewinnen versteht, das Fehlen eines der Volksversammlung übergeordneten Gesetzes – das sind einige Momente, an denen die Kritik des Aristoteles ansetzte.

Zusammenfassende Aufgaben

1. Die Verfassung bot keine Sicherungen gegen die Steuerung der Politik durch situations- und personenabhängige Affekte in der Volksversammlung; die Ablehnung des Friedensangebots der Spartaner, der Entschluß zur Sizilienexpedition und zur Rückberufung des Alkibiades sind Beispiele für durch solche Züge der Verfassung begünstigte Entscheidungen Athens.

2. Perikles gerät in die Rolle des Sündenbocks: In der verzweifelten Lage der von der Pest dezimierten Athener, die tatenlos der Verwüstung ihres Landes zusehen müssen, wird ihm die Verantwortung für den Ausbruch und die Strategie dieses Krieges vorgeworfen – beides hat er gegen starke Argumente aufgrund des Augenscheins vor der Volksversammlung zu vertreten und zu begründen.

3. Perikles erscheint (E 3) die Verfassung als vollendeter Schutz gegen die Willkürherrschaft Einzelner wie gegen die Unterjochung durch dem Volk aufgezwungene Gesetze, gegen nicht hinreichend erwogene Entscheidungen, gegen die Privatisierung der Bürger, die am Staat keinen Anteil nehmen.
Aristoteles sieht in derselben Verfassung (F 4/E 1) die Freisetzung der despotischen und willkürlichen Herrschaft derer, die als Volksführer dem Volk hinreichend zu schmeicheln verstehen.

Allgemeine Literatur zum Kapitel
Der Römische Staat

1. Paulys Realenzyklopädie der klassischen Altertumswissenschaft. Neu bearbeitet von G. Wissowa, W. Kroll, K. Mittelhaus, K. Ziegler. Stuttgart: J. B. Metzlersche Verlagsbuchhandlung. (Dieses umfassende Nachschlagewerk ist bis auf wenige Buchstaben, z. T. in Neubearbeitungen und Supplementbänden, fertiggestellt.) Daneben existiert als Kurzfassung „Der Kleine Pauly", Hrsg.: K. Ziegler und W. Sontheimer. 5 Bde. (Davon bisher 3 erschienen.) Stuttgart 1966 ff.

2. G. Hiltbrunner: Kleines Lexikon der Antike. Sammlung Dalp. 3. A. Bern–München: Francke 1961.

3. H. Lamer / E. Bux / W. Schöne: Wörterbuch der Antike. (Kröners Taschenausgabe). 6. A. Stuttgart: Kröner 1963. (Der Schwerpunkt beider Lexika liegt auf der Kultur- und Literaturgeschichte.)

4. H. Bengtson: Einführung in die Alte Geschichte. 3. A. München: Beck 1959. (Unentbehrlich als bibliographisches Nachschlagewerk.)

5. Th. Mommsen: Römische Geschichte. Bde. I–III. 1854–56. (Führt bis zum Tod Cäsars; als literarische Leistung bis heute unübertroffen; Standpunkt des politischen Liberalismus der Reichsgründungszeit.) Bd. V. 1885. (Kulturgeschichte der römischen Kaiserzeit; Bd. IV nie erschienen.) Berlin: Weidmann.

6. The Cambridge Ancient History. Bde. 7–12. Cambridge: Cambridge University Press 1928–39. (Hervorragendes Sammelwerk der angesehensten Fachgelehrten aus aller Welt.)

7. Propyläen-Weltgeschichte, Bd. 4: Rom – Die römische Welt. Unter Mitarbeit von Bleicken, Heuß, Hoffmann, Pflaum, Schneider, Seston, Rubin. Berlin: Propyläen-Verlag 1963. (Universalgeschichtliche Darstellung mit hervorragendem Karten- und Bildmaterial.)

8. Historia Mundi – Bd. III: V. Pöschl: Die Einigung Italiens durch Rom. Bern 1954. Bd. IV: V. Pöschl: Roms Aufstieg zur Weltmacht; A. Alföldi: Römische Kaiserzeit. Bern–München: Francke 1956. (Im ganzen knapper.)

9. Fischer Weltgeschichte. Bde. 6–8. Frankfurt 1965/66. (Viele Gesichtspunkte, aber unausgeglichene Auswahl.)

10. U. Kahrstedt: Geschichte des griechisch-römischen Altertums. München: Bruckmann 1948. (Umfassende, wenn auch eigenwillige Darstellung.)

11. F. Taeger: Das Altertum. 5. A. Stuttgart: Kohlhammer 1953. (Gut lesbare Gesamtdarstellung.)

12. M. Rostovtzeff: Geschichte der Alten Welt. Bd. II: Rom. Wiesbaden: Dieterich 1942. (Interessante sozialgeschichtliche Ausblicke.)

13. H. Bengtson: Grundriß der römischen Geschichte mit Quellenkunde. Bd. I: Republik und Kaiserzeit bis 284 n. Chr. (In: Handbuch der Altertumswissenschaft, 3. Abt., 5. Teil, 1. Bd.) München: Beck 1967. (Derzeit modernste Zusammenfassung des Forschungsstandes.)

14. A. Heuß: Römische Geschichte. 2. A. Braunschweig: Westermann 1964. (Modernste Gesamtdarstellung, mit ausführlichem Forschungsbericht.)

15. S. Lauffer: Römische Geschichte. München: Oldenbourg 1967.

16. H. Volkmann: Grundzüge der römischen Geschichte. 2. A. Darmstadt: Wissenschaftliche Buchgesellschaft 1968. (Die beiden letztgenannten Bücher sind knappe Überblicke.)

17. E. Kornemann: Römische Geschichte. Bearbeitet von H. Bengtson. 2 Bde. (Kröners Taschenausgabe). 5. A. Stuttgart: Kröner 1963/64.

18. J. Vogt: Römische Geschichte. 2. A. Freiburg: Herder 1951. Auch als Taschenbuch in der Herder-Bücherei. (Behandelt nur die römische Republik.)

19. F. Kiechle: Römische Geschichte. Teil I: Roms Aufstieg zur Weltmacht (Urban-Bücher 101). Stuttgart: Kohlhammer 1967. (Endet mit dem Jahre 172 v. Chr.; sehr faktenreich.)

20. H. Oppermann (Hrsg.): Römertum (Wege der Forschung, Bd. 18). Darmstadt: Wissenschaftliche Buchgesellschaft 1962. (Hauptsächlich ideengeschichtliche Beiträge.)

21. R. H. Barrow: Die Römer (Urban-Buch 44). Stuttgart: Kohlhammer 1960. (Gedankenreichessayistisch.)

22. F. E. Adcock: Römische Staatskunst (Kleine Vandenhoeck-Reihe 122/23). Göttingen: Vandenhoeck & Ruprecht 1961. (Essayistisch.)

23. E. Meyer: Römischer Staat und Staatsgedanke. 3. A. Zürich–Stuttgart: Artemis 1964. (Derzeit beste Darstellung der römischen Verfassungsgeschichte.)

24. E. Meyer: Einführung in die antike Staatskunde. Darmstadt: Wissenschaftliche Buchgesellschaft 1968.

25. R. Klein (Hrsg.): Das Staatsdenken der Römer (Wege der Forschung, Bd. 46). Darmstadt: Wissenschaftliche Buchgesellschaft 1966. (Vorwiegend philosophisch-staatsphilosophische Arbeiten.)

26. H. Oppermann (Hrsg.): Römische Wertbegriffe (Wege der Forschung, Bd. 34). Darmstadt: Wissenschaftliche Buchgesellschaft 1967.

27. O. Seel: Römertum und Latinität. Stuttgart: Klett 1964.

28. F. Klingner: Römische Geisteswelt. 3. A. München: Ellermann 1956. (Die drei letztgenannten Arbeiten sind vorwiegend literatur- und geistesgeschichtlich.)

29. P. Grimal: Römische Kulturgeschichte. München: Droemer 1961.

30. G. Dulckeit: Römische Rechtsgeschichte. 3. A., bearb. von F. Schwarz. München: Beck 1963. (Maßgebende, sehr konzentrierte Darstellung.)

31. K. Latte: Römische Religionsgeschichte (Handbuch der Altertumswissenschaft). München: Beck 1960. (Standardwerk.)

Der Römische Staat

A. Die Verfassung der römischen Republik

Literatur

32. J. Bleicken: Das Volkstribunat der klassischen Republik. München: Beck 1955.
33. F. Münzer: Römische Adelsparteien und Adelsfamilien. 1920. Neudruck Darmstadt 1963.
34. M. Gelzer: Die Nobilität der römischen Republik. 1912. Neu abgedruckt in: Kleine Schriften, Bd. I. Wiesbaden: Steiner 1962, S. 17–135.
Dazu insbesondere 23, 24, 25, 30.

Zur Darstellung

Hinsichtlich der sozialen Schichtung in republikanischer Zeit muß zwischen Patriziat, Plebs, Nobilität und Ritterschaft unterschieden werden. Zum patrizischen Geburtsadel zählte ein kleiner Kreis von Familien (gentes), der schon in etruskischer Zeit politischen Einfluß gewonnen hatte. Die gesamte übrige Bürgerschaft gehörte zur Plebs, die sozial äußerst vielgestaltig war und vom reichsten Grundbesitzer bis zum ärmsten Proletarier reichte. Der Unterschied zwischen Patriziern und Plebejern war seit dem 3. vorchristlichen Jahrhundert nur noch sakralrechtlich und bei der Besetzung einiger Staatsämter (z. B. Volkstribunat) von Belang. Seitdem war die Nobilität, die Gesamtheit der senatorischen Familien, die politisch maßgebende Schicht; sie war zwar nicht rechtlich, aber faktisch von der Masse des Volkes abgeschlossen. Auch die Ritterschaft, die durch ihren Reichtum aus der römischen Bevölkerung herausragte, dachte nicht daran, der Nobilität den politischen Vorrang streitig zu machen; abgesehen von ihrer bevorzugten Stellung in den Zenturiatkomitien, besaß sie keinerlei politische Vorrechte.
Die stärkste politische Institution war der Senat. Seine dominierende Stellung verdankte er zum guten Teil der „normativen Kraft des Faktischen"; ihr Leitbegriff war „auctoritas", die achtunggebietende Summe staatsmännischer Erfahrung und Weisheit. Die Volksversammlungen waren nur in einem sehr eingeschränkten Sinn als demokratische Körperschaften zu bezeichnen; sie hatten keine echten politischen Mitwirkungsrechte, nicht einmal die Möglichkeit der Initiative. Die Magistrate, an der Spitze die Konsuln, vereinigten nahezu monarchische Machtfülle auf sich, aber ihr Amt war zeitlich befristet und einer wirksamen Kontrolle unterworfen.
Die gesellschaftliche und politische Ordnung der römischen Republik war ungewöhnlich stabil; jahrhundertelang gab es keine Umwälzung und keinen Staatsstreich; die Herrschaft der Senatsoligarchie wurde bereitwillig und loyal respektiert.

Zu den Quellen

A 1 a: Polybios argumentiert hier im Sinne der „monumentalischen Historie": Die Vergegenwärtigung vergangener Ruhmestaten wirkt als Ansporn für die Lebenden. Ein derartiges Verständnis der Vergangenheit war vielen antiken, insbesondere römischen Autoren eigen (vgl. z. B. Tacitus, Annalen, III, 65: „Mir scheint es die Hauptaufgabe der Annalen zu sein, Tugenden nicht zu verschweigen und der Verworfenheit in Wort und Tat Furcht vor üblem Nachruhm einzuflößen.").

A 1 b: Rang und Ansehen einer römischen „gens" hängen von den patriotischen Verdiensten der Vorfahren ab; die Laufbahnchancen eines jungen „nobilis" steigen in dem Maße, in dem er auf berühmte Vorfahren hinweisen kann; dementsprechend kann er selbst davon ausgehen, daß auch seine Nachfahren in ihrer politischen Karriere stark von seiner staatsmännischen Bewährung abhängen.

A 2 a: Zu den Grundprinzipien, die Polybios hervorhebt, gehören: das ausgewogene Verhältnis zwischen den drei verfassungsrechtlichen Grundelementen (Monarchie, Aristokratie, Demokratie); die gegenseitige Kontrolle und Hemmung der Gewalten.

A 2 b: Die Verfassungsorgane stehen nach Polybios im Wechselverhältnis gegenseitiger Abhängigkeit. Dabei unterschätzt der Autor augenscheinlich die beherrschende Rolle des Senates, während er die im ganzen geringen Wirkungsmöglichkeiten der Volksversammlungen eher zu stark betont. Er erwähnt beispielsweise nicht, daß der Senat ständig auf die Magistrate einzuwirken vermochte und daß er die meisten Beschlüsse der Volksversammlungen vorentschied. Die Komitien konnten abgetretene Feldherren und Magistrate nur belangen, wenn diese eindeutig gegen die Gesetze verstoßen hatten; derartige Verurteilungen kamen verhältnismäßig selten vor (z. B. die Verbannung Ciceros wegen seines Vorgehens gegen die Catilinarier). Auch kann für die Zeit der klassischen Republik kaum die Rede davon sein, daß die Volkstribunen Werkzeuge des Volkswillens waren; diese waren viel mehr daran interessiert, das gute Einvernehmen mit den Senatskollegen nicht zu gefährden.

A 3 a: Cicero verkennt den mythischen Charakter der angeblichen Gesetzgeber Minos und Lykurgos. Dennoch wird man seiner Gegenüberstellung von griechischer und römischer Verfassungsentwicklung zustimmen können: Die griechischen Verfassungen verdankten ihre jeweiligen Ausprägungen sehr stark den (rationalen) Entwürfen einzelner, während die Verfassung der römischen Republik niemals als ein geschlossenes System existierte, sondern in einem jahrhundertelangen Wachstum sich ausbildete, wobei das nichtfixierte Recht kaum weniger bedeutsam war als das in Gesetzesform festgelegte.

A 3 b: Cicero hebt zwei Momente hervor: die praktische Erfahrung und die historische Kontinuität. Es spricht vieles dafür, daß die Stabilität der römischen Verfassung hierin ihren Grund hatte, zumal mit dem Senat eine Institution bestand, in der diese Elemente verkörpert waren.

A 4 a: Die Ausnahmestellung des Volkstribunen bestand darin, daß er nahezu jedem staatlichen Hoheitsakt mit seinem Veto entgegentreten konnte. Dadurch wurde das den kollegial strukturierten Magistraten mitgegebene Interzessionsrecht zugunsten der Plebs erweitert. Der Volkstribun war Repräsentant der Plebs, nicht des gesamten Staatsvolkes (populus).

A 4 b: Der römische Adel wird als eine Schicht angesehen, die sich den Interessen des Staates weitgehend uneigennützig unterordnete. Das mag für die Zeit bis zum 2. vorchristlichen Jahrhundert im ganzen zutreffen, gilt aber mit Sicherheit nicht mehr für die Zeit der Bürgerkriege. Im übrigen ist zu bedenken, daß die Staatsinteressen großenteils mit den Standesinteressen der Nobilität zusammenfielen, weil diese auf einen politisch vernünftigen Ausgleich der Konflikte bedacht sein mußte. Eine solche Einstellung der Nobilität war so lange unproblematisch, wie ihre auf dem Großgrundbesitz beruhende wirtschaftliche Machtposition gesichert war. Das wurde mit dem Aufkommen kapitalistischer Wirtschaftsformen im 2. Jahrhundert v. Chr. anders.

A 4 c: Das Volkstribunat barg ohne Zweifel revolutionäre Potenzen in sich; sie wurden mit der gracchischen Bewegung neu entdeckt, verloren allerdings gegenüber den Möglichkeiten der – legalen oder illegalen – Militärdiktatur des ersten vorchristlichen Jahrhunderts schnell jegliche Bedeutung.

A 5 a: Wieacker bestätigt die unter 3 a vertretene Auffassung, daß die römische Rechts- und Verfassungsentwicklung auf fortwährender pragmatischer Anpassung an je akute Gegebenheiten beruhte. Die Griechen dagegen gingen von rationalen Konstruktionen aus (Musterbeispiel Kleisthenes); sie ließen sich von theoretisch entwickelten Prinzipien leiten und versuchten, die ideale Staatsordnung mit Hilfe der planenden Vernunft zu verwirklichen.

A 5 b: Nach Wieacker war die Vergangenheit deswegen eine so wirksame Macht im Leben des Römers, weil sie als eine Realität die jeweilige Gegenwart präformierte. Die römische Kultur trug lange Zeit unverkennbar archaische Züge; der für Griechenland so charakteristische Geist kritischer Rationalität und Wissenschaftlichkeit gelangte erst mit der Rezeption der griechischen Kultur im 2. Jahrhundert v. Chr. nach Rom. Hinzu kam, daß die herrschende Schicht an einer Konservierung der alten Zustände natürlicherweise das größte Interesse hatte, weil jede Form von Aufklärung auch ihre Machtposition in Frage stellen mußte.

Zusammenfassende Aufgaben

1. Die Beilegung des Ständekampfes war ein typischer politischer Kompromiß. Die Patrizier sahen ein, daß den Schichten, auf deren wirtschaftlichen Leistungen und militärischen Anstrengungen ein Großteil der Stärke des Staates beruhte, eine politische Mitwirkung auf die Dauer nicht versagt werden konnte. Durch rechtzeitiges Nachgeben sicherten sie sich den Fortbestand ihrer Führungsposition, wobei sie nur den jeweils Erfolgreichsten der nachdrängenden Bevölkerungsgruppen echte Gleichberechtigung zuteil werden ließen.

2. Das Patriziat bestand aus den zu Anfang der Republik etablierten „gentes"; es kann als Geburtsadel bezeichnet werden. Die Nobilität bildete sich nach dem Ausgleich im Ständekampf als Amtsadel heraus; sie kapselte sich erfolgreich von den anderen Schichten ab. Zur Nobilität zählten alle Familien, die mindestens einen Konsul hervorgebracht hatten.

3. Die Nobilität, die vom Grundbesitz lebte (im Staatsdienst waren bis zum 2. Jahrhundert außer der Kriegsbeute kaum nennenswerte Reichtümer zu erwerben, die Staatsämter waren unbesoldet), war unzweifelhaft an der Förderung des Großgrundbesitzes interessiert. Die Einseitigkeit der marxistischen Auffassung liegt darin, daß sie ökonomische Interessen als die wichtigsten Beweggründe politischen Handelns ansieht und verkennt, daß es eine Vielfalt anderer Interessen gibt und daß der politischen Führungsschicht daran gelegen sein muß, das Staatsganze im Gleichgewicht zu halten. Es ist politisch durchaus nicht immer klug, nur den eigenen ökonomischen (Klassen- oder Standes-)Vorteil im Auge zu haben; aus dieser Einsicht heraus war die römische Nobilität zu manchen Zugeständnissen bereit.

4. Die Ritter nahmen lange Zeit wenig Einfluß auf die Politik, weil ihre wirtschaftlichen Interessen von der Senatsoligarchie zur beiderseitigen Zufriedenheit berücksichtigt wurden. Erst als die politische Führungsstellung der Nobilität ins Wanken geriet und der senatorische Adel sich stärker ökonomisch engagierte, geriet der Ritterstand in Konkurrenz zur Nobilität und fühlte sich genötigt, mehr politische Aktivität als zuvor zu entfalten.

5. Das Prinzip der Gewaltenteilung war der Sache nach wirksam. Gesetzgebung, Exekutive und Rechtsprechung lagen bei verschiedenen, sich gegenseitig kontrollierenden Instanzen. Allerdings vermochte der Senat auf nahezu alle Bereiche einzuwirken.

6. Die republikanische Verfassung blieb über 400 Jahre in Kraft, weil sie fortwährend den sich verändernden Gegebenheiten angepaßt wurde; die Einrichtung des Senats bürgte dafür, daß Verfassungslücken im Einklang mit dem politischen Herkommen und den praktischen Notwendigkeiten geschlossen wurden. Dank der Homogenität der senatorischen Führungsschicht führten soziale und politische Konflikte niemals zur Gefährdung der Staatsordnung.

7. Die politische Autorität des Senats beruhte auf seinem unvergleichlichen Potential an politischer Erfahrung. Die Senatoren waren wirtschaftlich und finanziell so unabhängig, daß sie einen Großteil ihrer Arbeitskraft dem Staatsdienst widmen konnten. Die begrenzten Amtsfristen der Magistrate machten es den Amtsinhabern nahezu unmöglich, der politischen Erfahrung der im Senat versammelten Exmagistrate gleichgewichtig entgegenzutreten, zumal die meisten Amtsträger es auf einen Bruch mit ihren Standesgenossen nicht ankommen lassen wollten.

8. Die Vorteile der Annuität waren die wirksame Kontrolle der Regierenden und die Chance, Unfähige nicht zu lange im Amt ertragen zu müssen, nachteilig waren die mangelnde Kontinuität der Amtsgeschäfte sowie das häufig unzureichende politische Gewicht der Amtsinhaber. Ein wesentlicher Vorteil der Kollegialität war die Möglichkeit der Beratung und der gegenseitigen Kontrolle; Nachteile sind in der potentiell geminderten Entschlußkraft und Handlungsfähigkeit der „Regierung" zu suchen, die u. U. zu erheblichen politischen Energieverlusten führen konnten.

9. Wesentliche Merkmale der Rechtsstaatlichkeit waren gesichert: die Bindung der staatlichen Gewalten an Gesetz und Recht; die Rechenschaftspflicht der Magistrate; die Appellation an die Volksversammlung. Der Charakter eines Rechtsstaates wurde entscheidend dadurch beeinträchtigt,

daß bestimmten Bevölkerungsteilen der Rechtsschutz teilweise oder ganz versagt blieb: Die Sklaven standen sogar außerhalb der personalen Rechtsordnung, sie waren Gegenstände des Sachenrechts.

B. Roms Aufstieg zur Weltmacht

Literatur

35. J. Vogt (Hrsg.): Rom und Karthago. Leipzig: Koehler und Amelang 1943 (Sammelwerk).
36. A. Heuß: Der Erste Punische Krieg und das Problem des römischen Imperialismus. In: HZ 169 (1949). Nachdruck: Libelli, Bd. 130. Darmstadt: Wissenschaftliche Buchgesellschaft 1964. (Grundlegende Problemerörterung.)
37. W. Hoffmann: Hannibal. Kleine Vandenhoeck-Reihe 133–135. Göttingen: Vandenhoeck & Ruprecht 1962.
38. H. Oppermann (Hrsg.): Humanismus (Wege der Forschung, Bd. 17). Darmstadt: Wissenschaftliche Buchgesellschaft 1970.
39. O. Seel: Cicero. Wort, Staat, Welt. Stuttgart: Klett 1953. (Die maßgebende Cicero-Interpretation.)
Dazu besonders 5–19.

Zur Darstellung

Die römische Außenpolitik bis zur Erlangung der Hegemonie im Mittelmeer war sicherlich kein von langer Hand geplanter und zielstrebig durchgeführter Prozeß. Ähnlich der Fortbildung der Verfassung waren viele außenpolitischen Aktionen Antworten auf konkrete Herausforderungen. Dennoch kann man durchaus von einem imperialistischen Charakter der römischen Außenpolitik sprechen. Die Römer legten ihr Vorgehen darauf an, fremde Gebiete und Bevölkerungen ihrem Staat einzuverleiben oder zumindest ihrem Einfluß zu unterwerfen. Sie bestanden auf der Respektierung bestimmter Interessengebiete rings um ihr Territorium und waren zu Interventionen und Präventivkriegen bereit, wenn auswärtige Mächte diese Sicherheitszonen gefährdeten.
In der politischen Ordnung und Verwaltung der gewonnenen Gebiete zeigten sich die Römer außerordentlich anpassungsfähig und flexibel. Mit Hilfe eines ausgeklügelten Systems abgestufter Rechte suchten sie die Loyalität der Bevölkerung, insbesondere ihrer führenden Schichten, zu gewinnen, ohne dabei den Vorrang der Hauptstadt anzutasten.
Die Ausdehnung des römischen Herrschaftsbereiches hatte tiefgreifende Folgen: Sie zwang die führenden Schichten, ihr Leben fast ausschließlich der Politik und der Kriegführung zu widmen, sprengte aber auch den konservativ-archaischen Charakter des Staatswesens und führte aufgrund der ökonomischen, sozialen und geistig-kulturellen Wandlungen zu einer bedrohlichen Staats- und Gesellschaftskrise, durch die die republikanische Staatsform ausgehöhlt wurde.

Zu den Quellen

B 1 a: Der Senat tritt als das eigentliche außenpolitische Aktionszentrum in Erscheinung; er führt die diplomatischen Verhandlungen und ist selbst in der gefährlichen militärischen Krise nicht bereit, dem Gegner Zugeständnisse zu machen. Von einer Willensbildung der Volksversammlung ist bezeichnenderweise nicht die Rede.

B 1 b: Plutarchs Schilderung läßt einen Grundzug der römischen Kriegführung erkennen, der auch bei anderen Autoren (Polybios, Livius, Vergil) hervortritt: die Ausdauer, Zähigkeit und Unnachgiebigkeit auch in der Niederlage. Als die höchsten Tugenden des römischen Soldaten gelten nicht Draufgängertum und Angriffsgeist, sondern Disziplin und Standhaftigkeit (constantia).

B 2 a: Als wichtigstes realpolitisches Motiv wird das Sicherheitsbedürfnis der römischen Großmacht sichtbar: Rom muß am Ebro verteidigt werden. Daneben spielen auch Prestigeerwägungen eine Rolle: Es ist mit dem römischen Ansehen nicht vereinbar, daß ein Bundesgenosse von einer fremden Macht angegriffen wird.

B 2 b: Livius' Schilderung ist ein von melodramatischen Effekten nicht freies Stimmungsgemälde; das Moment der Panik ist sicherlich eine Projektion der späteren Kriegserfahrungen („Hannibal ante portas") auf die Anfänge. Bemerkenswert ist, daß jede Sieges- und Eroberungsstimmung fehlt; die Römer empfinden den Krieg als eine unvermeidbare Machtprobe, als ein Ringen um Selbstbehauptung, nicht als die willkommene Gelegenheit, die eigene Macht zu vermehren.

B 2 c: Livius' angstvolle Bewunderung für die Karthager rührt zweifellos von den Erfahrungen des Hannibalkrieges her. Zugleich dient die Hervorhebung der gegnerischen Gefährlichkeit der Aufwertung der eigenen Tüchtigkeit: Es war eine außergewöhnliche Leistung, einen Gegner dieses Formats zu besiegen.

B 3 a: Fabius Maximus war ein Anhänger der Ermattungsstrategie: Mit guten Gründen baute er darauf, daß die Zeit für die Römer arbeite und daß nur den Karthagern an einer Entscheidungs-schlacht gelegen sein könne. Der Verlauf des Italien-Feldzuges gab ihm darin recht.

B 3 b: Vorsicht und Bedachtsamkeit, Mut zu unpopulärem Verhalten, Skepsis gegenüber der allge-meinen Volksstimmung sind Züge, die dem aristokratischen Selbstbewußtsein der Nobilität ent-sprechen. Livius stilisiert hier den Gegensatz zwischen zwei Grundhaltungen, die in der popu-lären römischen Moralphilosophie eine besondere Rolle spielten: Hinter der Auffassung des Fabius Cunctator steht das Ideal des stoischen Weisen, während seine Widersacher als leichtfertig, wan-kelmütig, töricht, d. h. letztlich: unmännlich abqualifiziert werden.

B 3 c: Im Text tritt die Nervosität und Unsicherheit zutage, die sich nach der Kette römischer Niederlagen in den ersten beiden Kriegsjahren ausbreitete. Vor allem das Debakel am Trasimeni-schen See hatte offenbart, welch gerissenem Gegner Rom gegenüberstand und wie wenig die römischen Feldherren ihm bislang gewachsen gewesen waren.

B 4 a: Die von Senatoren besetzten Gerichte für Repetundenprozesse waren Standesgerichte, die das Recht zugunsten der Standesgenossen zuweilen beugten. Es war darum das Ziel der Anti-Senats-Partei, dem Senat das Gerichtsmonopol zu nehmen. Cicero, am Anfang seiner politischen Laufbahn stehend, wollte den Prozeß gegen Verres u. a. zu einem Testfall dafür machen, daß auch senatorische Gerichte zu standesunabhängiger Gerechtigkeit bereit waren. Sein Angriff auf die senatorische Gerichtsbarkeit, der nicht frei von rhetorischen Übertreibungen war, mußte auch als ein taktischer Schachzug verstanden werden, der die Richter unter moralischen Druck setzen sollte.

B 4 b: Sieht man von den in der forensischen Rhetorik üblichen Übersteigerungen ab, so bestätigt Cicero, daß die römischen Provinzbeamten über fast unbeschränkte Machtmittel verfügten. Sie konnten jede Art von Druck auf die Provinzbewohner ausüben und sich oft schamlos bereichern, weil die Geschädigten zumeist nicht den Mut und noch viel weniger den politischen Einfluß hatten, die nötig gewesen wären, um erfolgreich an Senat und Magistrat zu appellieren. Der Prozeß gegen Verres führte bezeichnenderweise nicht zu einer formellen Verurteilung, weil Verres vor-zeitig freiwillig in die Verbannung ging.

B 5 a: Als typisch römische Domäne sieht Cicero jene Lebensbereiche an, in denen es um die Ord-nung des gesellschaftlichen und staatlichen Lebens geht. Nicht zu übertreffen sind die Römer in ihrer persönlichen und sozialen Moral sowie in allen Tätigkeiten, die einen Nutzwert haben. Den Griechen gesteht Cicero eine Überlegenheit in den Wissenschaften und Künsten zu, die allerdings dadurch relativiert wird, daß die Römer auf diesen Gebieten nicht als Konkurrenten auftraten. Ciceros Betrachtungen sind nicht frei von patriotischem Dünkel: Das eigene Volk wird als das in jeder Hinsicht begabteste gepriesen, die Gleichwertigkeit anderer Völker gar nicht erst in Betracht gezogen.

B 5 b: Die Antriebe zu wissenschaftlicher und künstlerischer Tätigkeit werden einseitig im Gel-tungsstreben gesucht. Sachmotive wie Erkenntnisinteresse, ästhetische Gestaltungskraft, kulturelle Bedürfnisse bleiben außerhalb der Betrachtung. Ciceros Einstellung ist fast banausisch, wenn auch das apologetische Interesse und ein gewisser kultureller Minderwertigkeitskomplex gegenüber den Griechen nicht zu übersehen sind.

B 6 a: Cato erkannte die Unvereinbarkeit von traditionell römischer Unterordnung unter die Staatsräson und der emanzipatorischen Wirkung eines kritisch-individualistischen Denkens. Er haßte die Philosophie, weil sie die fraglose Geltung der überkommenen Kollektivnormen in Frage stellen mußte (vgl. dazu: F. Klingner: Cato Censorius und die Krisis Roms, in: 28).

B 6 b: Aus dieser Einstellung erwuchs auch die Ablehnung des Sokrates; er sah in ihm einen Querulanten und Gesetzesverächter, obwohl dieser Vorwurf angesichts des legalistischen Denkens des Philosophen (vgl. Platos „Apologie") unhaltbar ist. An dieser Kritik aber war so viel richtig, daß Sokrates in der Tat dahin wirkte, die überkommenen Meinungen in Frage zu stellen und jede Einrichtung oder Ansicht am Maßstab der autonomen Vernunft zu messen. Eine solche Haltung mußte dem traditionsverhafteten Römer wesensfremd sein.

Zusammenfassende Aufgaben

1. Die Römer entwickelten ein beachtliches Geschick, ihre wirklichen und potentiellen Widersacher durch ein differenziertes System politischer Beziehungen für sich zu gewinnen oder zumindest in Schach zu halten. Es gelang ihnen in Italien so gut wie immer, gegen Rom gerichtete Bündnisse zu verhindern oder die feindlichen Parteien gegeneinander auszuspielen. Hauptmittel dafür war die unterschiedliche Behandlung der verschiedenen Bevölkerungsgruppen und sozialen Schichten: Die Loyalität gegenüber Rom wurde durch die Vergabe sozialer und politischer Privilegien belohnt.

2. Die völkerrechtlichen Beziehungen innerhalb der italienischen Wehrgenossenschaft waren in der Weise abgestuft, daß alle vertraglichen Abmachungen dazu dienten, Rom zu unterstützen. Es gab ein Netzwerk bilateraler, aber nicht eigentlich multilateraler Verpflichtungen. Rom war die einzige Macht, die an jedem Bündnis beteiligt war, während die übrigen Gemeinden untereinander keine Bündnisbeziehungen hatten. Das abgestufte System politischer Mitwirkungsrechte war durchlässig, es bot den einzelnen Partnern Chancen, durch Wohlverhalten den Status zu verbessern.

3. Die wichtigsten Gründe für den römischen Sieg waren: die Unnachgiebigkeit auch in verzweifelter Lage; die Loyalität der meisten italischen Bundesgenossen; die Isolierung Hannibals auf der Apenninhalbinsel; das über Italien hinausreichende wirtschaftliche und militärische Gesamtpotential des römischen Staates.

4. Roms Expansion in den östlichen Mittelmeerraum war nicht durch das Sicherheitsverlangen gegenüber einem aggressiven Gegner motiviert; sie entsprang in erster Linie den durch das hellenistische Machtvakuum ausgelösten Hoffnungen auf einen leicht zu erwerbenden Machtzuwachs.

5. Die Zerstörungen von Korinth und Karthago zeigten insofern einen Wandel an, als sie militärisch überflüssig waren und der Bestrafung und Ausrottung des Gegners, nicht der Ermöglichung einer dauerhaften Friedensordnung dienten.

6. Die Bundesgenossen verfügten über volle politische Autonomie; sie konnten ihre inneren Angelegenheiten selbständig regeln und mußten sich nur in der Außenpolitik der römischen Hegemonialmacht unterordnen. Die Provinzen dagegen wurden unmittelbar von römischen Statthaltern regiert; sie genossen zwar lokale Verwaltungsautonomie, hatten aber in allen wichtigen Bereichen des öffentlichen Lebens ihre Selbständigkeit eingebüßt.

7. Die zahlreichen römischen Kriege zogen insbesondere die italische Landwirtschaft in Mitleidenschaft. Die Provinzen in Sizilien und Afrika wurden zu Schwerpunkten der Getreideproduktion; in Italien Getreide anzubauen wurde unrentabel. Die Umstellung auf den zwar profitgünstigen, aber kapital- und arbeitsintensiven Oliven- und Weinanbau gelang meist nur den wohlhabenden Großgrundbesitzern. Die Masse der kleinen Bauern gab die Landwirtschaft auf und vermehrte die städtische Unterschicht.

8. Die Hellenisierung, hier verstanden als kultureller Adaptionsprozeß einer noch altertümlichen Gesellschaftsstruktur an die überlegene griechische Kultur, betraf zunächst nur die römische Oberschicht. Sie wirkte sich aus als Individualisierung der Lebensführung, Verfeinerung der Lebensansprüche, Eindringen wissenschaftlich-kritischen Denkens und Besinnung auf den eigenen Lebensstil.

9. Der römische Humanismus war die erste in einer Reihe humanistischer Bewegungen, deren Gemeinsamkeit darin lag, daß sie mittels der Rezeption der als vorbildlich empfundenen griechischen (später griechisch-römischen) Kultur, insbesondere Literatur, das eigene Bildungs- und Kultursystem verbessern oder erneuern wollten. Die Nachahmung der fremden Muster bildete gewöhnlich die erste Stufe des Humanismus; daraus entstanden Impulse für die Hervorbringung eigenständiger kultureller Leistungen. Der Begriff Humanismus ist abgeleitet von der Beschäftigung mit den „humaniora", den auf Sprache und Literatur bezogenen philologischen Disziplinen. Ein maßgebendes Leitbild des römischen Humanismus war der Redner, in dem sich philosophische Weisheit mit staatsmännischer Erfahrung verband. Die vollkommene Beherrschung der sprachlichen Ausdrucksmittel galt als die anzustrebende Form geistiger Vervollkommnung. Naturgemäß blieb die Wirksamkeit dieses Leitbildes auf eine schmale Oberschicht beschränkt.

C. Krise und Untergang der Republik

Literatur

40. H. Berve: Sulla. In: Gestaltende Kräfte der Antike. 2. A. München: Beck 1965.

41. H. Volkmann: Sullas Marsch auf Rom (Janus-Bücher). München: Oldenbourg 1958.

42. J. Vogt: Die Struktur der antiken Sklavenkriege. Wiesbaden: Steiner 1957.

43. A. Heuß: Der Untergang der römischen Republik und das Problem der Revolution. In: HZ 182 (1956).

44. E. Meyer: Caesars Monarchie und das Principat des Pompeius. Innere Geschichte Roms von 66–44 v. Chr. Reprograph. Nachdruck der 3. A. 1922. Darmstadt: Wissenschaftliche Buchgesellschaft 1963.

45. M. Gelzer: Pompeius. 2. A. München: Bruckmann 1959.

46. Chr. Meier: Res publica amissa. Eine Studie zur Verfassung und Geschichte der späten römischen Republik. Wiesbaden: Steiner 1966. (Maßgebende moderne Untersuchung.)

47. M. Gelzer: Caesar, der Staatsmann und Politiker. 6. A. Wiesbaden: Steiner 1960. (Meistgelesene Caesar-Biographie.)

48. H. Oppermann: Caesar – Wegbereiter Europas (Persönlichkeit und Geschichte, 10). Göttingen: Musterschmidt 1958.

49. D. Rasmussen: Caesar (Wege der Forschung, Bd. 43). Darmstadt: Wissenschaftliche Buchgesellschaft 1967.

50. R. Syme: Die römische Revolution. Stuttgart: Klett 1957. (Maßgebende Darstellung des Aufstiegs Octavians.)

Dazu besonders 5–18, 28, 30, 39.

Zur Darstellung

Das Jahrhundert der Bürgerkriege ist quellenmäßig besonders gut bezeugt. Aber nicht nur dieser Umstand, sondern der fast paradigmatische Charakter der Konflikte und Strukturprobleme, die in diesem Zeitalter zur Entscheidung standen, rechtfertigen eine besonders gründliche Behandlung. Die Auflösung der Republik vollzog sich mit einer gewissen Folgerichtigkeit. Die Nobilität zeigte sich außerstande, den unabweisbaren Forderungen der anderen Schichten, die auf eine umfassende soziale und staatliche Veränderung zielten, rechtzeitig und in genügend großem Umfang stattzugeben. Die Loyalität gegenüber dem Staat, die in früheren Jahrhunderten eine stabilisierende Kraft gewesen war, schwand in dem Maße, in dem die bestehende Ordnung als ungerecht empfunden wurde und keine Schicht bereit war, die Durchsetzung ihrer Ansprüche zugunsten des Ganzen hintanzustellen oder zu mindern. Die geschriebenen und ungeschriebenen Verfassungsgrundsätze wurden immer unbefangener mißachtet, die Solidarität gegenüber den Mitbürgern verschwand mehr und mehr aus dem Bewußtsein.

Die römische Geschichtsschreibung versuchte den Zerfall der republikanischen Ordnung mit den Kategorien des Niedergangs der Moral und des Freiheitswillens zu erklären (Sallust, Tacitus). Damit wurden die Ursachen sicherlich auf eine falsche Ebene verschoben. Richtig an dieser Geschichtsdeutung mag aber eines sein: Die Verbindlichkeit der den Staat stützenden Normen sank, weil sie die Masse der Bevölkerung nicht mehr überzeugten und nur wenige bereit waren, für sie einzutreten. Die Republik ging unter, weil es nicht genügend Republikaner gab.

Zu den Quellen

C 1 a: Dem Volkstribunat wird „sacrosanctitas" zuerkannt, weil es vom Volk für das Volk eingesetzt wurde. Das war sicherlich zu einem guten Teil zweckbestimmte Ideologie (der Volksversammlung mußte geschmeichelt werden), spiegelt aber auch die der römischen Tradition entstammende Hochschätzung des Staatsamtes wider. Es ist bis heute in der Forschung umstritten, ob und inwieweit die Gracchen dem Grundsatz der Volkssouveränität anhingen. Daß sie – zumindest aus taktischen Gründen – mit dem Gedanken liebäugelten, der Volkswille müsse alle politische Autorität legitimieren, wird durch diese Plutarch-Stelle nahegelegt.

C 1 b: Ein Volkstribun hat weitreichende Machtbefugnisse (er kann z. B. das Kapitol schleifen), aber er darf nicht gegen die Interessen des Volkes handeln, indem er dessen politische Entscheidungsbefugnisse einengt. Mit dieser These gerät Tiberius Gracchus in Widerspruch zu dem Prinzip der Amtsautorität, das die Unabsetzbarkeit der Amtsinhaber einschloß.

C 1 c: Für Gracchus ist jede politische Handlung unstatthaft, die die Macht des Volkes beschränkt. Das Volk ist berechtigt, einmal getroffene Entscheidungen zu revidieren, falls erwiesen ist, daß sein Mandat verletzt wurde. Das Staatsvolk ist also in seinen Beschlüssen nicht vollkommen unabhängig, sondern an das gesetzte Recht gebunden. Da es aber befugt ist, Rechtsbrüche selbst zu ahnden, muß es im Rahmen der von ihm selbst erlassenen Gesetze als souverän angesehen werden.

C 2 a: Die Senatspartei scheute sich, dem Pompeius das „imperium maius" (das weitgehende außenpolitische und militärische Entscheidungsbefugnisse einschloß) zu übertragen, weil sie damit die Kontrollbefugnisse des Senats weitgehend aufgegeben hätte. Die Antragsgegner wandten sich gegen die mehrmalige Übertragung des Feldherrnamtes an dieselbe Person (Verbot der Wiederwahl) sowie gegen die Ausweitung der üblichen prokonsularischen Befugnisse.

C 2 b: Cicero tritt den Bedenken entgegen, indem er die außerordentliche Tüchtigkeit des Pompeius ins Feld führt, dazu die römische Gewohnheit, formale Bedenken hinter Zweckmäßigkeitserwägungen zurückzustellen. Er erhärtet seine Argumentation, indem er auf mehrere historische Präzedenzfälle hinweist.

C 3 a: Ciceros Definition der Optimaten ist zugleich soziologischer und moralischer Natur. Als Optimaten gelten ihm alle, die in sicheren wirtschaftlichen Verhältnissen leben und politisch den Kurs des Ausgleichs und der Mäßigung steuern. Diese Schicht ist für die Bekleidung der Staatsämter besonders geeignet, weil sie Extremlösungen ablehnt und damit ein konservierendes Element darstellt.

C 3 b: Die Optimaten sind an Ruhe und Ordnung (otium) interessiert, weil sie in Unruhen am meisten zu verlieren haben. Cicero plädiert für die Politik eines Kompromisses zwischen den Gruppeninteressen (concordia ordinum). Mit der Formel „otium cum dignitate" verwahrt er sich gegen den naheliegenden Vorwurf, die Ordnung als Selbstzweck zu preisen. „Dignitas" ist der Inbegriff jener traditionellen Wertnormen und Institutionen, in deren Bewahrung er den eigentlichen Sinn der Politik sieht.

C 3 c: Wie die „moralistischen" Historiker führt auch Cicero die politische und soziale Krise Roms auf die Unzulänglichkeit und das charakterliche Versagen bestimmter Bevölkerungsschichten zurück. Er verkennt damit die objektiven Ursachen der Krise und überschätzt die Möglichkeiten einer Reform.

C 4 a: Das Bündnis der Triumvirn beruhte zum wenigsten auf einer gemeinsamen politischen Zielsetzung; es wurde aus reiner Berechnung geschlossen, wobei jeder Partner bereit war, das Abkommen um seines Vorteils willen zu brechen. Jeder gedachte den anderen als Werkzeug seiner Pläne auszunutzen.

C 4 b: Cassius Dio sieht bei allen Politikern (außer Cato d. J.) ausschließlich egozentrische Motive im Spiel. Er hält sich dabei vielleicht zu sehr an die Oberfläche der Vorgänge und verkennt, daß die Durchsetzung uneigennütziger politischer Ziele ohne entsprechende Machtmittel nicht möglich ist. Jedenfalls bewies Caesars spätere Politik, daß dieser sich von einem durchaus konstruktiven, uneigennützigen Reformkonzept leiten ließ.

C 5 a: Caesar wirft der Senatspartei vor, seine Entmachtung mit unlauteren Mitteln betrieben zu haben. Er beruft sich auf die Volksversammlung, deren Willen durch Senatsbeschlüsse verfälscht worden sei.

C 5 b: Der Feldherr erklärt sich zu Verhandlungen bereit, um dem Wohl des Staates zu dienen. Man kann ihm die Lauterkeit seiner Absicht glauben, weil es stets sein Bestreben war, die streitenden Parteien zu versöhnen und den blutigen Bürgerkrieg zu vermeiden.

C 5 c: Caesars Programm zur Wiederherstellung des inneren Friedens ist verhältnismäßig allgemein und unverbindlich abgefaßt. Die vorgeschlagene Wiedereinsetzung des Senats und der Volksversammlung in ihre alten Rechte bleibt insoweit unklar, als über die Abgrenzung beider Institutionen nichts gesagt wird. Es ist kaum anzunehmen, daß Caesar mit der Wiedereinsetzung der Senatsoligarchie einverstanden gewesen wäre. Hätte Pompeius sich wirklich in seine Provinz begeben, hätte Caesar u. U. freie Bahn in Italien gewonnen.

C 5 d: Caesar glaubt an die Chance, durch persönliche Verhandlungen mit Pompeius zum Erfolg zu kommen. Das beweist eine richtige Einschätzung der Situation, da Pompeius in der Tat noch nicht entschlossen war, unwiderruflich mit seinem Konkurrenten zu brechen. Zugleich verrät Caesars Vorschlag seine wahre Einschätzung der Machtverhältnisse: Nicht die offiziellen Verfassungsorgane können verbindliche Abmachungen treffen, sondern allein die beiden militärischen Führer.

C 6 a: Caesar hat allem Anschein nach die Stärke der Opposition unterschätzt und die Hoffnung genährt, durch praktizierte Toleranz die Fronten abbauen zu können. Man darf annehmen, daß nicht zuletzt seine politischen Erfolge ihn zu dieser optimistischen Selbstsicherheit verleiteten.

C 6 b: Caesar scheint seine Stellung im Staat nicht mehr in den Kategorien der republikanischen Verfassung begriffen zu haben. Er duldete es nicht nur, sondern fand es in der Ordnung, wenn ihm Ehrungen zuteil wurden, die bis dahin der hellenistisch-orientalischen Despotie eigentümlich gewesen waren.

C 6 c: Caesar forderte das römische Selbstbewußtsein heraus, als er seine Person über die republikanische Gleichrangigkeit des Senatsadels erhob und damit andeutete, daß er mit der Einführung der Monarchie sympathisierte.

C 7 a: Tacitus läßt das Urteil über Octavian scheinbar in der Schwebe, indem er Anhänger und Gegner zu Worte kommen läßt, aber er gibt bezeichnenderweise den Kritikern mehr Raum und Gewicht. Als beabsichtigter Eindruck bleibt bestehen, daß Octavian die Macht im Staat aus Herrschsucht und auf höchst heimtückische Weise errungen hat, indem er die jeweiligen Verbündeten zunächst in Sicherheit wiegte, um sie bei geeigneter Gelegenheit desto besser aus dem Wege räumen zu können. Dieses Bild Octavians wird durch die moderne Forschung (Syme) in wesentlichen Teilen bestätigt; Octavian scheint auf dem Wege zur Macht kaum jemals Skrupel gekannt zu haben.

C 7 b: Tacitus bewertet den Aufstieg Octavians nach den Maßstäben der persönlichen Moral und Lauterkeit. Er läßt durchblicken, daß eine politische Ordnung, die auf moralisch fragwürdige Weise zustande kam, nicht positiv bewertet werden kann.

Zusammenfassende Aufgaben

1. Die krassen sozialen Unterschiede gehen z. T. auf den wirtschaftlichen Strukturwandel des 2. vorchristlichen Jahrhunderts zurück, als viele kleine und mittlere Bauern verarmten und die Latifundienwirtschaft sich ausbreitete. Die Eroberungs- und Ausbeutungspolitik dieser Zeit führte zu einer erheblichen Bereicherung der herrschenden Schichten, während den Unterschichten alle Voraussetzungen zur Vermögensbildung fehlten.

2. Der Machtverlust des Senats im letzten Jahrhundert der Republik hing zum einen mit der Rivalität innerhalb der Nobilität, zum andern mit der Machtusurpation einzelner erfolgreicher Feldherren zusammen. Die Autorität des Senats schwand, seitdem die Grundsätze der Verfassung nicht mehr uneingeschränkt respektiert wurden.

3. In ihrem sozialen Profil unterschieden sich Optimaten und Popularen so gut wie gar nicht, wohl aber in ihrer politischen Taktik. Die Optimaten waren die Konservativen, die die Senatsherrschaft aufrechterhalten oder wiederherstellen wollten. Die Popularen traten für eine Zurückdrängung des Senates und eine Stärkung der Volksversammlung ein, waren aber keineswegs für eine echte Demokratisierung zu haben.

4. Die Militärdiktatur gewann in dem Maße an Gewicht, in dem die legalen Verfassungsinstitutionen geschwächt wurden. Das hing mit der allgemeinen Bürgerkriegssituation zusammen, daneben auch mit den niemals abreißenden außenpolitischen Verwicklungen, die von Zeit zu Zeit auch die innere Sicherheit des römischen Reiches bedrohten.

5. Die Gracchen scheiterten am Widerstand der Optimaten, aber auch an der Sorge der mittellosen römischen Bürger, durch die Verleihung des römischen Bürgerrechts an alle Italiker Statuseinbußen zu erleiden. Die tumultuarischen Begleitumstände schreckten sicherlich auch wohlwollende Bürger ab.

6. Die Aufstellung eines Berufsheeres vertiefte den Gegensatz zwischen militärischer und ziviler Gewalt. Sie erhöhte die Gefahr der Militärdiktatur, weil die Bindung der Soldaten an den Feldherrn zunahm. Militärische Erfolge kamen den Soldaten in Form von Beute, Sold und Veteranenversorgung zugute und schwächten die Bereitschaft, Besiegte und Mitbürger zu schonen.

7. Die Sullanischen Verfassungsänderungen waren reaktionär. Sie bauten auf der blutigen Unterdrückung der Senatsgegner auf und verstärkten den oligarchischen Charakter der bestehenden Machtverteilung. Bezeichnenderweise haben sie ihren Urheber nicht lange überdauert.

8. Caesars Politik nach der Erringung der Alleinherrschaft stach von der seiner Vorgänger ab, weil er ehrlich bemüht war, die im Bürgerkrieg aufgerissenen Gegensätze zu überbrücken. Das führte zu einer Entmachtung des Senatsadels zugunsten der Führungsschichten der übrigen Reichsteile. Offenkundig schwebte ihm vor, den noch immer stadtstaatlichen Charakter des Imperium Romanum in einen wirklich territorialstaatlichen zu verwandeln.

9. Caesar wurde ermordet, weil er die antimonarchischen Kräfte unterschätzt und das Selbstbewußtsein der Führungsschicht wiederholt verletzt hatte.

10. Octavian vermochte sich durchzusetzen, weil er seine Politik konsequenter als sein Widersacher Antonius betrieb und weil er die allgemeine Friedenssehnsucht am glaubwürdigsten zu befriedigen versprach. Dabei vermied er es mit viel taktischem Geschick, das Selbstgefühl des Senatorenstandes herauszufordern. Er respektierte die republikanische Tradition, wo immer er es ohne Gefahr für seine Machtstellung tun konnte.

D. Der Prinzipat des Augustus

Literatur

51. W. Schmitthenner (Hrsg.): Augustus (Wege der Forschung, Bd. 128). Darmstadt: Wissenschaftliche Buchgesellschaft 1969.

52. F. Vittinghoff: Kaiser Augustus (Persönlichkeit und Geschichte, 20). Göttingen: Musterschmidt 1959.

53. K. Christ: Zur Beurteilung der Politik des Augustus. In: GWU 1968, S. 329–343.

54. R. Klein (Hrsg.): Prinzipat und Freiheit. Ausgewählte Aufsätze zum Staatsdenken der Römer in der Kaiserzeit (Wege der Forschung, Bd. 135). Darmstadt: Wissenschaftliche Buchgesellschaft 1969.

55. W. Weber: Princeps. Bd. I. Stuttgart: Kohlhammer 1936.

Dazu besonders 6–17, 23, 26, 30.

Zur Darstellung

Das Zeitalter des Augustus, oft als die glanzvollste Phase der römischen Geschichte betrachtet, trägt epochalen Charakter. Es markiert das Ende eines rund einhundertjährigen Bürgerkrieges, in dem die republikanische Staatsform zugrunde gerichtet wurde. Den Zeitgenossen erschien es fast als ein Wunder, daß es dem jungen, in seinen Mitteln oft grausamen Octavian gelang, nicht nur den mörderischen Rivalitäten ein Ende zu setzen, sondern auf eine höchst behutsame Weise einen dauerhaften inneren Frieden herbeizuführen. Das Reformwerk des Augustus bescherte dem römischen Reich einen bis dahin nicht erlebten wirtschaftlichen, sozialen und kulturellen Aufschwung, von dem es Jahrhunderte zehren konnte und an dem nahezu alle Bevölkerungsgruppen des Reiches Anteil hatten.
Demgegenüber beklagten die Kritiker dieser Entwicklung – zeitgenössische Republikaner wie neuzeitliche Historiker – den Verlust der altrepublikanischen Freiheiten. In der Tat hat Augustus – allen sorgfältig gepflegten republikanischen Formen zum Trotz – der Republik den Todesstoß versetzt. Der römische Staat wurde zur Monarchie, die – wie schon die ersten Nachfolger des Augustus demonstrierten – jederzeit in die Despotie umschlagen konnte. Nach dem Willen des Prinzeps entstand eine Gesellschaft von Ständen unterschiedlicher Privilegierung, die es dem einzelnen immer schwerer machte, seinen Platz in der gestuften Ordnung zu verändern.

Zu den Quellen

D 1 a: In der Darstellung des Augustus erscheint die Staatsgewalt als eine Funktion, die von Senat und Volk ausgeht. Sie ist mithin nicht persönlicher Besitz des Prinzeps, sondern übertragene Amtsgewalt. Augustus hebt die ihm von Senat und Volk zuteil gewordenen Ehrungen in aller Ausführlichkeit hervor und betont damit, daß er Senat und Volk (senatus populusque Romanus) als die Instanzen anerkennt, die seine Herrschaft legitimieren. Er verwendet viel Sorgfalt auf den Nachweis, daß er sich stets der gegebenen Verfassung untergeordnet hat.

D 1 b: Augustus scheute sich, Konsul auf Lebenszeit oder Diktator zu werden, weil er – vermutlich eingedenk des Scheiterns Caesars – nicht den Eindruck erwecken wollte, eine mit der republikanischen Tradition nicht vereinbare Machtstellung anzustreben. Im ganzen lag ihm daran nachzuweisen, daß er es mit der Wiederherstellung des altrömischen Staates ernst meinte.

D 1 c: Im Gegensatz zum Begriff „potestas", der die formelle Amtsgewalt bezeichnet, beschreibt das Wort „auctoritas" einen staatsrechtlich nicht kodifizierten Sachverhalt. So wie die gewohnheitsrechtlichen Befugnisse des Senats mit dem Begriff „auctoritas" erfaßt werden, weist der Begriff in bezug auf Augustus darauf hin, daß dieser in der Lage war, alle wichtigen politischen Entscheidungen zu bestimmen, ohne formell damit beauftragt zu sein. „Auctoritas" umschreibt den nicht genau abgrenzbaren Spielraum faktischer Entscheidungsgewalt, den zu präzisieren Augustus kein Interesse hatte, wenn er die Fiktion der republikanischen Staatsform aufrechterhalten wollte.

D 2 a: Tacitus schildert Augustus als den Nutznießer des Verfalls der Republik. Seine Stellung und sein Ansehen beruhten auf der Friedenssehnsucht der Bevölkerung sowie dem politischen Bankrott und der Resignation der führenden Schichten. Die junge Generation nahm die neue Staatsordnung als eine Gegebenheit hin, mit der sich leben ließ.

D 2 b: Tacitus macht den Zeitgenossen des Augustus den Vorwurf, die republikanische Freiheit verraten zu haben. Die Republik ging zugrunde – das ist eine der Grundthesen des Historikers –, weil die Menschen zu feige und zu bequem waren, sie zu verteidigen, und weil sie sich von der Taktik des Augustus blenden ließen. Ein solches Argument hat vermutlich wenig analytischen Wert, aber es bezeichnet präzis den tiefen Einschnitt, den die Regierungszeit des Augustus darstellte.

D 3 a: Sueton trifft mit einiger Wahrscheinlichkeit die historische Wahrheit, wenn er Augustus die lautere Absicht unterstellt, eine dauerhafte, auf gewissenhafter Einhaltung der Gesetze beruhende Staatsordnung zu begründen. Man kann Augustus nicht das historische Verdienst bestreiten, im ganzen römischen Reich ein hohes Maß von Rechtssicherheit geschaffen zu haben.

D 3 b: Dem Grundsatz der unverbrüchlichen Geltung des Rechts blieb Augustus während seiner gesamten Regierungszeit treu. Diese Haltung stand nicht im Widerspruch zu der Privilegierung von Individuen und ganzen Gesellschaftsgruppen, da deren Sonderrechte Bestandteil des positiven Rechts waren.

D 4: Das bei Vergil zutage tretende römische Selbstverständnis erinnert an Cicero (vgl. Quelle B 5). Auch in dieser der Weissagung des Anchises entstammenden Textstelle wird die Ausübung politischer Herrschaft als die den Römern zukommende weltgeschichtliche Aufgabe hervorgehoben. Stärker als Cicero bekundet Vergil ein imperiales Selbstbewußtsein, ja einen Herrschaftsanspruch gegenüber anderen Völkern. Ähnliche Ansprüche finden sich auch bei Historikern wie Livius und Tacitus.

D 5 a: Als Errungenschaften des Augusteischen Zeitalters hebt Horaz die Rechtssicherheit, den Wohlstand und die hohe Moral hervor. Er trifft damit die Intentionen des Prinzeps, der sich mehrmals Sondervollmachten für die Versorgung der Bevölkerung und die Ausführung der Sittengesetzgebung hatte erteilen lassen.

D 5 b: Der Ton des Gedichts ist panegyrisch. Es steht stellvertretend für eine Flut von Huldigungen und Demutsbekundungen, die nicht selten die Grenzen des guten Geschmacks überschritten. Selbst in Italien wurde es üblich, die göttliche Herkunft des Kaisers zu preisen, obwohl Augustus es nicht zuließ, daß man ihn zu seinen Lebzeiten als Gott verehrte. Die Grenzen waren jedoch fließend, zumal die sich ausbreitende synkretistische Religionsauffassung viele Formen der kultischen Verehrung zuließ.

Zusammenfassende Aufgaben

1. Von einer Dyarchie kann man allenfalls in formeller Hinsicht sprechen. In Wirklichkeit hatte der Prinzeps kraft seiner „auctoritas" jederzeit die Möglichkeit, monarchisch zu regieren.

2. Die republikanischen Verfassungsformen lagen Augustus am Herzen, weil er nach den Erfahrungen des Bürgerkrieges darauf bedacht war, eine auch formell stabile Staatsordnung zu schaffen, die jede Form von Machtusurpation verhindern konnte. Zudem mußte ihm daran gelegen sein, die etablierten Führungsschichten so eng wie möglich an den Staat zu binden; dafür bot das republikanische System mehr Ansatzpunkte als ein offiziell autokratisches.

3. Augustus war dem Senat in drei ausschlaggebenden Bereichen überlegen: in der Verfügung über ein riesiges, nur ihm zugängliches Einkommen; im Oberbefehl über das Heer; in der Ausbildung einer leistungsfähigen, kontinuierlichen und professionellen Verwaltung.

4. Augustus zeigte sich in der Verleihung des römischen Bürgerrechts zurückhaltend, weil er an einem guten Einvernehmen mit dem Senatsadel interessiert war und die römisch-italische Bürgerschaft als den Kern der Reichsbevölkerung ansah. Diese Politik stand im Einklang mit den sonstigen sozialkonservativen Tendenzen seiner Regierung.

5. Die Gesellschaftsstruktur des römischen Reiches beruhte auf dem Grundsatz der Abschließung und Privilegierung der Stände. Soziale Mobilität war nur in jenen Einzelfällen möglich, die der Prinzeps protegierte. Die Provinzialen standen in ihren politischen Chancen weit unterhalb der römischen Bürgerschaft; ihre Führungsschichten waren freilich nicht gänzlich vom Aufstieg in die römische Gesellschaft ausgeschlossen.

6. Der allgemeine Aufschwung in den Provinzen war vor allem der Durchsetzung der Rechtssicherheit zu danken. Die römische Verwaltung arbeitete korrekter als in republikanischer Zeit, weil die Beamten pünktlich und großzügig besoldet wurden und nicht mehr in Versuchung kamen, sich auf Kosten der Provinzbewohner widerrechtlich zu bereichern.

7. Augustus war populär, weil er dem Reich den Frieden gebracht hatte. In seiner Amtsführung war er gewissenhaft, in seinem persönlichen Auftreten ausgeglichen und bescheiden. Er war auf die Wohlfahrt aller Reichsbewohner bedacht und vermied es, irgendeine Bevölkerungsgruppe vor den Kopf zu stoßen.

E. Staat und Gesellschaft der Kaiserzeit

Literatur

56. H. Dessau: Geschichte der römischen Kaiserzeit. 2 Bde. Berlin: Weidmann 1924/30.

57. E. Stein: Geschichte des spätrömischen Reiches. Wien: Seidel und Sohn 1928.

58. M. Rostovtzeff: Gesellschaft und Wirtschaft im römischen Kaiserreich. 2 Bde. 2. A. Leipzig 1955. (Standardwerk.)

59. F. Wieacker: Recht und Gesellschaft in der Spätantike (Urban-Buch 74). Stuttgart: Kohlhammer 1964.

60. U. Kahrstedt: Kulturgeschichte der römischen Kaiserzeit. 2. A. München/Bern: Francke 1958.

61. H. Volkmann: Die römische Provinzialverwaltung der Kaiserzeit im Spiegel des Kolonialismus. In: Gymnasium, Bd. 68 (1961).

62. A. Birley: Mark Aurel. Kaiser und Philosoph. Aus dem Engl. München: Beck 1968.

63. J. Vogt: Constantin der Große und sein Jahrhundert. 2. A. München: Bruckmann 1960.

64. H. Doerries: Konstantin der Große (Urban-Buch 29). Stuttgart: Kohlhammer 1958.

65. A. Lippold: Theodosius der Große und seine Zeit (Urban-Buch 107). Stuttgart: Kohlhammer 1967.

66. F. Altheim: Der Niedergang der Alten Welt. Eine Untersuchung der Ursachen. 2 Bde. Frankfurt: Klostermann 1952.

67. W. Ensslin: Der Kaiser in der Spätantike. In: HZ 177 (1954).

68. H. Lietzmann: Geschichte der Alten Kirche. 4 Bde. Berlin: de Gruyter 1936–44.

69. C. Schneider: Geistesgeschichte des antiken Christentums. 2 Bde. München: Beck 1954.

70. R. Klein (Hrsg.): Das frühe Christentum im römischen Staat (Wege der Forschung, Bd. 267). Darmstadt: Wissenschaftliche Buchgesellschaft 1970.

71. Chr. Dawson: Die Gestaltung des Abendlandes. Fischer-Bücherei 381. Frankfurt 1961. (Behandelt den Übergang von der Antike zum frühen Mittelalter.)

Dazu besonders 5–17, 23, 29–31, 54.

Zur Darstellung

Für die Geschichte der römischen Kaiserzeit war die Struktur des Kaisertums von größter Bedeutung, weil die staatliche Macht in einem ungewöhnlichen Maße in diesem Amt konzentriert war. Sieht man von den Anfängen, den Adoptivkaisern und einzelnen Ausnahmen ab, so kann man feststellen, daß das römische Kaisertum den gemäßigten Charakter des Prinzipats zunehmend verlor und sich der orientalischen Despotie anglich. Das führte auf die Dauer zu Rechtsunsicherheit, blutigen Machtkämpfen und einem Verfall der staatlichen Autorität.

Für das Schicksal des spätrömischen Reiches waren drei Faktoren besonders bestimmend: die außenpolitische Bedrohung durch die Barbaren, die erstmals im 3. Jahrhundert das Reich in eine Krise stürzten und seit Beginn der Völkerwanderung die Grenzsicherungen vollends überrannten; die Versteinerung von Staat und Gesellschaft zu einem Zwangsverband, der immer stärker reglementiert wurde und in dem der private und soziale Freiheitsraum ständig schrumpfte; die Ausbreitung des Christentums, das sich in der Kirche eine Organisation schuf, die in Konkurrenz zum Staat trat und schließlich für eine Zeitlang einen Teil seiner Funktionen übernehmen mußte.

Zu den Quellen

E 1 a: Der römische Kaiser war in der Lage, jederzeit in die Rechtsprechung einzugreifen und das Recht zu seinen Gunsten zu beugen. Die einzige Grenze, die er nicht nach Willkür überschreiten konnte, war seine Finanzkraft.

E 1 b: Despotisch war zunächst und vor allem die Praxis der Rechtsbeugung. Dazu paßt es auch, daß Domitian als heimtückisch und zynisch geschildert wird; freilich muß man sich vor Augen halten, daß die Biographien Suetons und anderer Autoren voll von Stereotypen stecken und die wirklich individuellen Züge häufig durch vorgegebene Schemata überdecken.

E 1 c: Im Gegensatz etwa zu Augustus sieht Domitian sein Herrscheramt nicht als eine übertragene Vollmacht an, die im Rahmen eines vorgegebenen Rechtssystems ausgeübt wird, sondern als ein persönliches Eigentum, für das er niemandem Rechenschaft schuldig ist.

E 1 d: Maßstab des Handelns ist die Vernunft. Sie ermöglicht die Einsicht in die Seinsgesetze und hält den Menschen davon ab, gegen die „Natur der Dinge" zu handeln. Wer die Gesetze des

Daseins kennt, wird sich in die Notwendigkeiten des Lebens fügen und jedem Menschen und jeder Sache Gerechtigkeit widerfahren lassen.

E 1 e: Mark Aurel war Stoiker; als solcher vertraute er auf die Kraft der Philosophie und sah in der Gelassenheit die erstrebenswerte Haltung. Der Stoiker sah auf die inneren Werte und fühlte sich unabhängig von äußerer Macht und Reichtum (autarkeia = Selbstgenügsamkeit).

E 1 f: Mark Aurels Auffassung vom Kaisertum erklärt sich aus seinen stoischen Überzeugungen: Der Kaiser muß wie der geringste Mensch so handeln, daß er seine Taten vor seinem Gewissen verantworten kann. Sein Amt kann ihn verleiten, die Mitmenschen zu unterschätzen; darum muß er ihnen gegenüber besonders tolerant und aufgeschlossen sein. Mark Aurel versteht das Kaisertum als eine Gelegenheit, die Weisheit der Philosophie praktisch zu bewähren und im Dienst an den Mitmenschen die Bestimmung des Daseins zu erfüllen.

E 2 a: Trajan erscheint in diesem Text als ein gewissenhafter Monarch, der sich auch um vergleichsweise untergeordnete Angelegenheiten kümmert. Er verfährt nach den Grundsätzen der Billigkeit, ohne im geringsten vom Rechtsstandpunkt abzuweichen. Dieser Fall macht verständlich, warum man ihn und ähnlich gesinnte Adoptivkaiser die „humanen" Kaiser genannt hat.

E 2 b: Die harten Strafbestimmungen für Sklaven resultieren aus dem Interesse der Sklavenhalter, die Freilassung von Sklaven zu erschweren. Die militärische Laufbahn war die nahezu einzige Chance für sozialen Aufstieg, so daß es für die unterprivilegierten Schichten nahelag, ihr Glück im Heeresdienst zu versuchen.

E 3 a: Der erste Satz geht von der Unterscheidung zwischen dem Naturrecht und dem positiven Recht aus.

E 3 b: Die Ausführungen erwecken den Anschein, als sei die republikanische Rechtstradition noch voll in Kraft; die kaiserliche Gesetzgebung wird als Ergänzung der republikanischen behandelt. Das läßt erkennen, daß eine erstaunliche Rechtskontinuität vorhanden war und daß noch im 2. Jahrhundert auf die Fiktion der senatorischen Gesetzgebung Wert gelegt wurde.

E 3 c: Auch heute noch übt die rechtsprechende Gewalt gewisse legislative Funktionen aus, immer dann nämlich, wenn das positive Recht Lücken aufweist und die Richter im Interesse der Rechtspflege genötigt sind, diese Lücken auf dem Wege der Interpolation zu schließen. Auch Grundsatzentscheidungen der obersten Gerichte können heute als Bestandteil der Rechtsordnung gelten. In Analogie dazu muß man die Rechtskraft der von den Rechtsgelehrten der Kaiserzeit erstatteten Gutachten sehen.

E 4 a: Religionsfreiheit ist ratsam, damit der Mensch es nicht mit der „Gottheit" – wie es neutralvorsichtig im Text heißt – verderbe. Das erinnert an die altrömische Praxis religiöser Toleranz, die nicht zuletzt aus der Unsicherheit resultierte, welche aus der Mehrzahl der Religionen die wahre sei. Der Hinweis auf die „Ruhe der Zeit" besagt, daß der Staat als stabil genug angesehen wird, um auf das einigende Band des Kaiserkultes verzichten zu können.

E 4 b: Die Christen wurden nicht nur formell gleichberechtigt, der Staat verpflichtete sich überdies, für alle den Christen zuvor zugefügten Vermögensschäden aufzukommen. Damit gab er zu verstehen, daß die Christenverfolgungen Unrecht gewesen waren.

E 4 c: Aus diesen Bestimmungen wird deutlich, daß Konstantin und sein Mitkaiser Licinius mit dem Christentum sympathisierten. Man kann heute freilich schwer unterscheiden, ob taktischpolitische Überlegungen oder echte religiöse Überzeugungen den Ausschlag gaben. Der christlichen Taufe unterzog sich Konstantin erst auf dem Sterbebett.

E 5 a: Ambrosius hält sich an das Zeugnis des Alten Testaments (David), wenn er den Kaiser zur Buße ermahnt. Er tut das mit aller Zurückhaltung und Ehrfurcht, mehr überredend als fordernd. Aber er besteht auf den kirchlichen Vorschriften und billigt dem Kaiser keine Ausnahme zu.

E 5 b: Der Kaiser kann – was sein Verhältnis zu Gott angeht – gegenüber anderen Menschen keine Vorrangstellung beanspruchen. Damit werden alle von den tyrannischen Kaisern geltend gemachten Vorzüge des höchsten weltlichen Herrschers geleugnet, die Kreatürlichkeit des Kaisers wird neu eingeschärft. Die Kirche etabliert sich als Instanz, die das Recht hat, den Lebenswandel aller Gläubigen an Gottes Forderungen zu messen.

Zusammenfassende Aufgaben

1. Die Erbfolge hatte den Vorzug des reibungslosen Überganges von einer zur anderen Generation; die Legitimität der Nachfolge konnte normalerweise nicht in Frage gestellt werden. Auf der anderen Seite spielte die persönliche Eignung keine Rolle. Die Nachfolgeregelung durch Adoption trug vor allem dem Grundsatz Rechnung, den Tüchtigsten zum Thronfolger zu machen. Sie setzte jedoch voraus, daß der alte Herrscher selbstlos genug war, u. U. eigene Nachkommen zu übergehen.

2. Im Prinzipat fühlten sich die Herrscher an die vorgegebene Rechtsordnung gebunden; im Dominat war der Wille des Monarchen oberstes Gesetz.

3. Der Niedergang des Reiches im 3. Jahrhundert läßt sich auf die zahlreichen Thronwirren (Soldatenkaiser) und die damit zusammenhängende Schwächung der Staatsmacht sowie auf die zunehmenden Invasionen der Barbarenvölker zurückführen. Natürlich bedingten sich der innere und äußere Machtverfall gegenseitig.

4. Die Ständeordnung der Kaiserzeit blockierte die soziale Mobilität und lähmte das individuelle Aufstiegsstreben; darunter litt der Leistungswille der Gesellschaft im ganzen. Die Oberschichten ergänzten sich nur unzureichend aus den tüchtigsten Vertretern der unteren Schichten; so konnte eine gewisse Degeneration der führenden Kräfte kaum ausbleiben.

5. Der Ostteil des Reiches verschloß sich der für den Westen typischen Romanisierung, weil die hellenistische Kultur der römischen in vieler Hinsicht überlegen war. So ließ sich die griechische Sprache niemals von der lateinischen verdrängen. Selbst die römischen Kaiserhöfe wurden seit ihrer Übersiedlung nach Konstantinopel schnell gräzisiert.

6. Gemeinsam waren dem spätantiken Zwangsstaat und dem totalitären Staat des 20. Jahrhunderts die Bevormundung der Untertanen in vielen Lebensbereichen, die zentralistischen Tendenzen, die Unterordnung der Individuen unter den Staatszweck. Wesentliche Unterschiede lagen jedoch darin, daß dem antiken Staatsapparat die technisch-organisatorischen Voraussetzungen fehlten, um den einzelnen vollständig zu „erfassen", und daß der antike Staat nur wenig geistigen oder „ideologischen" Druck ausübte, sondern die Gesinnung seiner Bürger im allgemeinen unbehelligt ließ.

7. Diokletians Verfassungsreform scheiterte, weil sie die Uneigennützigkeit der Herrscher voraussetzte und keine geeigneten Mittel bereithielt, die Rivalität zwischen den Kaisern auszuschalten. Die Tetrarchie mußte mit einer gewissen Folgerichtigkeit über kurz oder lang wieder in die Monarchie umschlagen.

8. Der römische Staat verfolgte – trotz seiner traditionell toleranten Grundhaltung – vorübergehend die Christen, weil diese sich dem Staatskult verweigerten und damit bei den Machthabern die (unberechtigte) Besorgnis auslösten, sie wollten die weltliche Autorität mißachten und ihre Pflichten als Staatsbürger vernachlässigen.

9. Das Bündnis zwischen dem spätrömischen Staat und der christlichen Kirche machte die Fortführung despotischer Herrschaftspraktiken unmöglich, weil auch die Kaiser sich den kirchlichen Geboten fügen mußten. Auf der anderen Seite übernahm die Kirche eine Reihe weltlicher Funk-

ISBN 3-12-**40613**0-6